老活のすすめ

はじめること
続けること
見直すこと

Mariko Bando
坂東眞理子

飛鳥新社

老活のすすめ

はじめること
続けること
見直すこと

はじめに

「老活」をなんと呼びますか。

ろうかつ？

おいかつ？

私は、「おーい、カツ！」と呼びたいと思っています。

60代にもなると人生は下り坂、あとは悠々自適にのんびり過ごそうと思っているとと大間違いです。そのように考えている方たちにカツを入れたい、元気を出していただきたいと思ってこの本を書きました。

その理由の第一は、人生が急速に長くなっていることです。日本人の平均寿命は男性81歳、女性87歳ですが、これは子供や赤ちゃんのときに死んだ人も含んでいる平均です。60歳までに亡くなるリスクを超えてきた人の平均余命は男性23・84年、女性29・04年もあります。60歳からの人生を余生と考えるには長すぎるようになってきているのです。

第二は自分も60代、70代になっても、若いときに予想していたのと異なり、楽しく充実した時間を過ごしているからです。

私だけではなく、周囲を見回すと元気に楽しく生きている方が多数いらっしゃいます。私から見て60歳は働き盛り、まだまだ前途洋々、いろんなことができるよ、といいたくなります。

第三は65歳以上の人が人口の28・4％を占め、数でも3588万人もいる多数派になっているからです。

けっしてマイノリティではなく社会の一大勢力なのです。この大集団が肩をすぼめて社会の厄介者のように自分で思い込み、粗末に扱われては社会がおかしくなってしまいます。

もちろん若い人とは違います。外見、運動能力、瞬発力、新しいものを記憶する力などは少しずつ衰えてきています。コロナ禍の中で若い人は感染しても発症しないか、軽症なのに高齢者は重症化する。死亡率も高いのは事実で、総合体力は衰えています。寝たきりや引きこもっている人もいます。それでも元気にいろいろな役割をこなしている人もたくさんいます。なによりも知的にも人間的にも若いときより成長しています。知識や経験を積み、若いときには見えなかったことが見え、わからなかったことがわかり、広い視野を持って洞察することができるようになってきています。

50歳になろうが、60歳になろうが、いいえ80歳、90歳になっても、「か、き、く、け、こ」を目指して生きていきましょう。

「か」は感動。学習。

いくつになっても「なるほど」と感心し、感激し、素晴らしい、と感動する心を持ち続ける。そのために新しいことを学習する。

「き」は機嫌よく。

年を取ったら意識して機嫌よく過ごすように努めるのが周囲への礼儀です。自分にも跳ね返ってきます。まずはほほえむことで自分がよい機嫌になります。

「く」は工夫。

今まで通り、同じことを繰り返すのではなく、もう少しよくするにはどうしたらよいかと小さな工夫を積み重ねる。面倒くさがらないことです。

「け」は健康。

いうまでもなく体と心の健康が後半期を充実して生きる基本で不可欠です。

「こ」は交流・貢献。

引きこもっていないでいろいろな場に出かけ、新しい人と交流し、刺激を受けると同時にできるだけ世話をし、貢献しましょう。

意外に思われるかもしれませんが、人が自分を幸福だと思う人の割合は、40代がボトムで50代、60代、70代、80代と上がっていくという心理学の調査結果もあります。

年を重ねると自分の人生を肯定し、自分の日々の暮らしに満足する人が多くなっていくのです。

そして自分のことだけを考えている人よりも、人に親切にすることで人間は幸せになります。私達の祖先は助けあいにより、様々な疫病、災害を生きのびてきました。

高齢者は周囲に親切にすることで、自分も幸せになるのです。

お金やモノを贈ることができなくても、人のために費やす時間や思いやりや礼儀正しい言葉を贈ることができます。

「おーい」と気弱になりがちな自分にカツを入れ、「か、き、く、け、こ」を心がけ、人生のかけがえのないステージである後半期を幸せに生きていきましょう。

老活のすすめ　目次

はじめに……2

第1章　はじめること　続けること　見直すこと……15

将来のためになる種をまいておこう……16
組織に頼らずに生きていく準備をする……20
感動・学習——得意分野や好きなことを学び直す……24
交流——「新友」をつくること……28

貢献――世の中の役に立てば自分を肯定できる …… 32

第2章 さあ、老活をはじめよう …… 37

いつから老活をはじめるべきか …… 38
老活はなにからはじめればいいのか？ …… 42
ギアチェンジをして生き方を変える …… 50
「林住期」の過ごし方 威張らず、卑下せず、むさぼらず …… 55

趣味は他人に迷惑をかけない範囲で楽しむ …… 61
興味を持つ趣味を持つ …… 65
「世話してもらう人」から「世話をする人」に …… 73
ソーシャルディスタンスのすすめ …… 77
孫やタマゴを育てることが高齢期を充実したものにする …… 82
弾力的な関係を築ける夫婦通い婚という選択 …… 90
まずはお試し田舎暮らしと定年帰農 …… 94

心に潤いを与える「林住期」の読書のすすめ……98

第3章 健康と長寿を保つ生活習慣……105

健康法の見極めはエビデンスと時間……106
「バランス食べ」が最高の健康法……111
見られている自分を意識して食欲をコントロールする……117
余計な悩みにとらわれないストレスをため込まない……122

心と体を鍛えるためには「きょよう」と「きょういく」……124
〝ベター・ザン・ナッシング〟思考で気楽に実践……128
第4章 暮らしを支える老活の実践術……133
老後の生活資金は分散して守る……134
騙されないために気をつけること……138
コミュニケーションが大事交流が被害を防ぐ……142

心豊かに暮らす お金の活かし方 …… 147
世代を超えた交流 オペアガールという試み …… 151
資産のつかい時 考え方と選び方 …… 155
終の棲家の選択肢 老後の住まいの選び方 …… 159

第5章 「老活」から「終活」へ …… 169
高齢者のたしなみ「終活」は いつからはじめる? …… 170

リビング・ウィル　死に方は自分で決める……174
「相続」が「争続」や「争族」にならないために……177
感謝の気持ちを伝える寄与分制度……182
終い方も自分らしく　生前墓とプレニード葬儀……185
人生を深く味わう「遊行期」に読みたい書物……189
おわりに――コロナ・パンデミックの中で……194

ブックデザイン　鈴木成一デザイン室
写真　アベユキヘ

第１章

はじめること
続けること
見直すこと

将来のためになる種をまいておこう

まだ、50代でも、「もう若くない」「私はもう年だ」「新しい可能性はもうなにもない」と考えていらっしゃる人も多いのではないでしょうか。

私も若い頃は、人生は半分を過ぎたら下り坂で、だんだんと衰えていくというイメージを持っていました。20代の私から見ると50代の先輩は立派なおじいさんでした。

現在、定年は60歳。65歳まで再雇用の会社が増えていますが、会社に勤めている人たちの多くが50代の半ばごろから給料は下がりはじめ、再雇用では現役時代の半分ほどになって、楽しいとは思えない働き方が多くなります。でも、会社の外には人生後半戦の50歳を過ぎても新しい出会いはあるし、新しい仕事もあるし、新しい趣味や楽しみが見つかることもあります。

74歳の今になって思うと、人生１００年時代の後半生がはじまる50代なんてまだまだ若く、いろんなことができる歳《とし》で、いろいろな可能性があり、前途洋々といえます。自分自身がこの15年間を振り返ると、自分が想像していた50代、60代とはまったく違った人生を生きました。

私は51歳のときにオーストラリアのブリスベン日本国総領事になり、その後帰国して、内閣府男女共同参画局長を務めさせていただきました。私たちの時代の公務員というのは50代の半ばを過ぎると後進にポストを譲り勇退し、それ以後は「天下り」といわれるような仕事があっても余生のようなイメージでした。私は縁があって昭和女子大学から声をかけていただいて、57歳のときに第二の人生をスタートしました。

その後は、59歳のときに書いた『女性の品格』がベストセラーになり、60歳で昭和女子大学学長に就任するなど、60代には公務員時代には想像もしていなかったような大学人としての人生を歩むことになりました。

なぜとよく聞かれるのですが、それは若い頃から今までにいろいろな種をまいていたからだと思います。私は若い頃から本を読んだり、文章を書いたりするのが好きで、出版のあてなどなかったのですが、頼まれた雑誌の原稿をせっせと書き、公務員のかたわら自分の考えをまとめたり、興味が持てる勉強会に進んで顔を出したりしていました。昭和女子大学から声をかけていただいたのも、『女性の品格』を出版できたのも、その縁が芽を出したのです。

種の中には芽を出すものもあれば、出さないで終わってしまうものもあります。私の場合は、たまたま昭和女子大学に転職することになりましたが、まいた種のどれが将来、大きく育つかわかりません。いっぱい種をまいておけば、思いがけない未来の扉が開いていくかもしれません。もちろんまいても生えない種のほうが圧倒的に多いです。それでも自分が好きなこと、興味のあるもの、自分のものになりそうなもの、これはできるぞというものを仕込んでおくことが大事です。たくさん種をまいているうちに、たまに大きく育つものがでてきます。

現実的なアドバイスとしては、自分の得意なこと、これがやりたいということを見つけて、自分のものにしておくということです。時間ができたらやりましょうと後回しにしていたことというのは、結局、好きでも得意でもないことです。得意じゃないし、やってもあまり成果が出ないものを追いかけてもいい結果は出ないし、気持ちは沈む一方です。それよりは自分の得意なこと、楽しいことをやるほうが気持ちは上向きます。これならできる、これがやりたいという活動は、できるだけ時間をつくってやっておくべきです。

それが、第二の人生で、きっと役に立つはずです。

組織に頼らずに生きていく準備をする

企業が生涯にわたって社員の面倒を見てくれた時代は過去の話です。

正社員の皆さんは終身雇用制度を前提に雇用が守られているとはいえ、会社が一生面倒を見てくれるわけではありません。

会社に骨を埋めようと思っても、会社がなくなることもあります。内需が縮小し、経済が停滞している時代にあって、会社側に体力がなくなってきているからです。繁栄していた会社が潰れてしまうことも多くなってきていますし、企業の寿命がどんどん短くなってきています。

企業の寿命は30年、人間の寿命の半分以下が多いのです。

これからの時代、男の人は組織に頼らずに生きる準備をしなければいけません。

女性は夫をあてにしないで自分でできる強みをつくることが必要です。

会社が社員の人生を丸ごと抱えてくれる体力がなくなってきているのと同じように、夫が妻を一生面倒見てくれるだけの経済力がなくなってきています。

女性は「一生、旦那が食べさせてくれるから自分は働く必要はない」と考えがちですが、なにが起こるかわかりません。まして、ウイズコロナの時代は生活様式は変わるし、夫が勤めていた会社が突然、吸収合併されたり、倒産するといった不測の事態が起こらないとも限りません。

夫の扶養力があるうちに、単なる趣味としてではなく、ちゃんと職業にできる特技、収入につながる社会から必要とされる能力を養うべきです。

50代以上ともなると正社員として雇ってもらうことは難しいと思いますが、

契約社員や嘱託としてどこかに就職し、夫になにかあったときに備えて、ささやかでもいいから収入を得る準備をする。

会社勤めをしている男の人は、定年前から転職に役立つ資格や技術や知識を身につける。そのためにも副業で収入を得るのはよい方法です。

2018年は、大手企業やベンチャー企業の多くが社員の副業を解禁しました。その背景には、年金支給開始年齢が少しずつ先送りされているという状況があります。

会社にもたれかからず、公的年金だけをあてにしないで、これからは自分の力で生き抜いてもらいたいというのが、政府や企業の本音なのです。

長い後半期にも会社で働き続けるには、生涯にわたる学習が重要です。長寿社会を迎えた今、若いときの学習だけでは通用しなくなってきています。

若い人から高齢者まで、すべての人が元気に活躍し、安心して暮らしていくために、人生の途中でもう一度学習するニーズが高まってきています。

生涯にわたって教育と就労のサイクルを繰り返す心がまえが大事です。

仕事についてからも、また、定年退職した後でも、必要と感じたタイミングで必要な能力や新しい知識を身につけることができれば、キャリアアップや転職するときのアピールポイントにもなります。

感動・学習──
得意分野や好きなことを学び直す

今や60代は働くのがあたりまえになっています。

ほんとうに意欲がある人であれば起業するのもいいと思いますが、ゼロからの企業はなかなかうまくいかないのが実情です。

いちばん簡単なのは再雇用してもらい、それまで勤めた会社で働くことですが、前述したように給料は半分以下に下がるし、なかなか楽しいと思えるような働き方は難しいでしょう。

長年勤めた会社から離れて、第二の人生をスタートさせるためには、定年退職する前に得意分野や好きなことを学び直して、自分のストロングポイントを磨いておくことが大切です。

現在、社会人の学習機会の一層の拡大・充実に努めることなどを目的に、大学改革が進められています。その中で社会人大学院が整備されています。

これまでの大学院は、大学で学んだ知識や理論を応用して、さらに踏み込んだ学術的な研究を行い、修士や博士といった上級学位を授与する研究者養成機関でした。たとえば昭和女子大学では、学部は女性だけですが、大学院は男女共学で、文学研究科と生活機構研究科があります。どちらも研究者を養成する大学院です。

リカレント教育（生涯にわたり、教育と就労を交互に繰り返すことでスキルを高め続ける教育制度）へのニーズに応えるために改革を進めているところで、2021年4月からは仕事に役立つ知識やスキルを教える消費・経営大学院（大学院生活機構研究科福祉社会研究専攻消費者志向経営コース）と保育・福祉施設経営大学院（大学院生活機構研究科福祉社会研究専攻福祉共創マネジメントコース）を開くことになっています。

消費・経営大学院は、消費者のことをより深く知り、どうしたら消費者の声を経営に反映できるかということを教える大学院です。

今の企業は収益を上げて稼げる人が優秀なんだ、儲けてなんぼだという考えが先行しがちですが、これからの企業は株主のことばかりを考えるのではなく、消費者や地域、地球環境のことなどを考えていかなければ存続できません。これからの経営に必要な高度な知識とスキルを身につけていただいて、修士号を取得してもらいます。

保育・福祉施設経営大学院は、保育所のマネージメントやコミュニティーとの関わり方などを教える大学院です。

待機児童解消に向けた取り組みとして保育所がたくさんできた結果、令和2年4月には待機児童ゼロを達成した自治体も少なくありません。

ところが、保育所のマネージメントについては十分な対策が講じられているとはいいがたく、離職率が高くて人員が不足する保育所もあります。保育士さんたちは、どうすればいい保育ができるか、子供が育つかということは教わっているのですが、同僚や親御さんたちとどう向き合えばいいのか、行政や地域とどう連携するかということは学んでいません。人間関係が原因で転職するケースも多く、保育所は人材確保対策を講じる必要があります。保育・福祉施設経営大学院はそんなニーズに応えて、責任ある立場の人は職員とどう向き合えばいいのか、地域とはどう連携すべきか、新しいマネージメントを主眼とし、現場で通用する実践力を身につけてもらいたいと考えています。

学校へ行くにはお金がかかるし、「今さらやったところで成果は出ないんじゃないか」とか「年を取ったら新しいことを覚えるのは無理だ」と二の足を踏む方もいると思います。でも、新しい知識やスキルは社会に貢献できる自分づくりの基礎になるものだと思います。

交流――
「新友」をつくること

定年退職後は、社会とのつながりや生きがいを持つことがとても大事です。コロナで人と接触するなといわれ、あらためて人との出会いが人生において大事なことだと実感した方も多いのではないでしょうか。

趣味の集まりでもいいし、新しい職場でもいいでしょう。引きこもって、無為に過ごしていると心身ともに衰える一方です。出かけるのがおっくうだったり、人とのコミュニケーションが苦手という人は、読書をするのもいいと思います。

若いときに読んだ本でも、年を取ってから読み直してみるとあらためて気づくことがあったり、深い意味が読み取れる場合が多々あります。

若いときには見えなかったものが見えたり、気がつかなかったことに気がつく。それが年の功というものです。

たとえば道端の花でも、若くて忙しかったときには目を止める暇もなかったけれど、散歩の途中にあらためて見てみると、名前や特徴はなんだろうと興味が湧くし、これまでは気にも留めなかったけれど、この花も街の景観を構成しているディテールなんだなとあらためて気づかされます。

また、若いときには成功をしている人を見ると、かっこいいな、幸せそうでいいな、私もああなりたいなとうらやむだけだったけれど、年を重ねればそこに至るまでの苦労や努力が見えてくる。人生の経験を積んだおかげで、人間や人生が見えてくるのです。

その反面、年を取れば頭もかたくなるし、人のいうことを聞かず、自分だけが正しいと思い込んで他人を否定しがちになる人もいます。

年を取ると、「私ってこういう人なのよ」とか、「これしかできない」と決めつける傾向が強くなり、自分で勝手に限界を決めてしまう人も増えます。

また、「ふ〜ん、またかつまんない」「昔からそうだったのよ」と、新しいことを面白がらなくなる人もいます。でも、自分はなにもできないと思っていても、やってみればできることもあるし、自分では役に立たないと思っていたことが新しい職場では役立つこともあります。そして、いくつになっても、「へえ、そうなんだ」と面白がることができる心の柔らかさと、感動する力があれば、生きていく毎日に楽しみが増えます。

私は若いときから短歌を詠むのが好きで、ずっとひとりで楽しんでいたのですが、昨年（2019年）、歌人で文芸評論家でもある馬場あき子さん主宰の「かりん」という結社に加わりました。

また、つい最近は「30％クラブジャパン」の立ち上げに加わりました。企業の役員に占める女性比率を3割に引き上げることを目標としてイギリスではじまった非営利のボランティア活動なのですが、正式なメンバーは大手企業のトップや外資系企業の社長さんたちで、デロイトトーマツコンサルティングの方が事務局長です。これまでにつきあったことがない方たちばかりなので、とても興味深い話を聞くことができます。

会社から離れると友達が少なくなりますが、新しいことをはじめると昔からの親友に加えて、新しい知り合いができます。

「親友」も大事ですが、年を取ったら「新友」も大事だと思います。親友や旧い友人だけとつきあっていると世界が縮んでいきます。

自分のそれまでの世界とは違う人たちとつながることで、新たな情報や知識も入ってきます。

私の場合、今知らないことを教えてくれる人の多くは、60歳を過ぎてから知り合った方たちです。

貢献——
世の中の役に立てば自分を肯定できる

高齢者になったら、いちばんやらなくてはいけないことは「上機嫌に生きる」ことだと思います。とりわけコロナ禍で人々の気分が落ち込みやすいので、意識しないと上機嫌になれません。もっとお金を儲けようとか、贅沢をしようと思うと、60代、70代は思うようにはいきませんから不機嫌になってしまいます。

身体の調子が思う通りにならないと嘆いたり、知人と比べて隣の芝生は青いとうらやんだり、けなしたりしていてはどんどん機嫌が悪くなっていきます。

収入や所得の点では、上には上がいてきりがありません。バブルの頃は外車に乗って派手に遊ぶことがかっこいいとか、豪邸に住んでお金がある人が成功者という価値観があったと思いますが、今は違います。まして70歳を過ぎたら、お金のような有形の財産ではなくて、どれだけ自分を信頼してくれている人がいるかとか、どれだけ人望が厚いかといった無形の財産を築くことのほうが大事だと思います。お金や地位を求める欲望はきりがなくて、ひとつの欲望が満たされると、次の幸福が欲しくなる。幸福というのは線の引き方の問題です。

禅の言葉に「知足安分《ちそくあんぶん》」という言葉があるように、自分と他人を比べず、現在の境遇を自分に見合ったものと考えれば、日々、心安らかに暮らせます。自分の望みを高い位置に引いているといつまでたっても満足できませんが、身の丈の位置に引いていれば満たされるのです。お金や地位ではなく、人とのつながりとか自分のやりがいに目標をおきましょう。

日本人は自分に自信が持てず、たとえば会社で肩書がつくと自分は認められているとか、出世して収入が増えるといい仕事をしているんだと自己満足しがちです。自分が楽しいからとか、意義を感じているということよりも、肩書や年収といった客観的なもので他人と比べようとする。でも、70代は、自分は自分、他人は他人と納得し、お金や地位ではない目標を持って上機嫌に日常を送ることが大切だと思います。

自分なりに目標や目的を持つことは大事で、それがあれば、生きていくことが楽しみになります。

２０１９年、金融庁の研究会の報告書が発端となって、老後資金は２０００万円が必要という数字だけが独り歩きしました。私は貯蓄で備えるより、できる範囲で仕事をしたらいいと思います。１年に１００万円ずつ20年稼ぐというのも、ちょっとした目標になって生活に張りも出るし、やることがあれば若くいられるので一挙両得です。

70代は今まで担ってきた義務や責任、煩悩からは少し解放されて、自分がほんとうにやりたいことができる時期です。

明らかにすべきは、自分がやりたいことはなんだろうかということです。自分本位に好きなことをしたり、ただ自己中心的に生きるのではなく、まだまだ自分は世の中に役に立つ存在なんだと、なるべく社会や人のためになるようなことをする。そうすることで、自分に自信を持つことができるのではないでしょうか。

年金で暮らしていけるのであれば、70代は豊富な社会経験を活かして、できる範囲で社会的な役割を果たすのもいいと思います。

大層なことではなくて、たとえば若い人に生活の知恵を教えるとか、悩みを聞いてアドバイスしてあげるとか、高齢者の付き添いをするとか少しだけ人助けをするのもいいと思います。

心理学によれば、人間が幸せを感じる最大の秘訣は、人から感謝されることだといわれています。人のために尽くして感謝されることは、本人にとっても誰かのために役に立ったと自分を肯定できるよい機会になります。

現在、私は昭和女子大学の理事長を務めていますが、定年があります。その後はなにをするかまだ具体的には考えていないのですが、75歳から就活をはじめなければと考えています。ボランティア活動や福祉活動も、できる範囲でやりたいと思っています。75歳を過ぎたら、みんながつきたいと思うポストは若い人に譲り、面倒くさいな、嫌だな、報酬が低いなと思われている仕事をやるべきなんだろうと思っています。

理想としては生涯現役で、80歳を過ぎても少しでも社会的貢献ができればいいなと思っています。

そして、いろいろあったけど自分なりに一生懸命生きた、まあ、よかったんじゃないのと、自分で自分の人生を肯定して穏やかに老いと死を受け入れることがいちばんの幸せだと思います。

100点満点の人生ではなかったけれど、よく頑張ったよねと自分をねぎらってあげられることができれば最高の人生ではないでしょうか。

第 2 章

さあ、老活をはじめよう

いつから老活をはじめるべきか

日本の多くの高齢者への施策は、基礎年金の支給をはじめ、65歳からを原則としています。

また、人口統計では65歳以上を高齢者として、2019年10月には3588万人に達し、高齢化率(総人口に占める割合)は28・4パーセントになりました。

しかし、身体的にも精神的にも個人差が大きく、高齢期の線引きは主観によって変わります。満65歳以上を高齢者と定義するという年齢による区分は便宜的なものであり、「青春とは心の持ちよう」というサミエル・ウルマンの詩を愛誦する人もたくさんいます。

私は74歳になりました。

若い人から見ると立派な年寄りでしょうが、自分のことを老人だとは思っていませんし、まだまだ自分の可能性を信じ、働くことや学ぶことをやめるつもりはありません。

一般的には65歳という年齢は人生との対峙の仕方を改める機会であり、これまで歩んできた人生を振り返り、見つめ直すひとつの節目だと思います。

２０１３年の4月から高年齢者雇用安定法の改正法が施行され、すべての雇用者は65歳まで雇われることとなり、さらに70歳まで延長する努力が求められています。これは朗報です。60歳の定年後も継続雇用され、70歳まで働けるということです。

アメリカでは年齢差別は禁止されていますが、現在のところ日本では心身に故障もなく、まだまだ働きたいと思っても、60歳でひと区切りを迎え、65歳になれば長年勤めた職場を去らなければいけないのです。公務員や企業に勤めている人は、60歳を越える前に徐々に仕事の棚卸しを行うとともに、定年後の新しい人生のステージに備えて身の処し方を考えておく必要があります。

私は人生を上り坂、下り坂と表現することには反対で、年を重ねても別の成長、心の深化があると思っています。若い頃より肉体は衰えているかもしれませんが、若いときには見えなかったものが見え、わからなかったことを理解して、できなかったことができるようになっています。私は60歳ではじめて富士山に登頂しました。70歳で故郷の立山に登りました。

65歳は職業生活から退いても、まだまだなすべきことがあり、新しいステージに入る節目だと思っています。そして70代は、義務や責任から解放されて、自分の理想の生き方ができる黄金時代なのではないでしょうか。

私の理想は死ぬまで社会とつながり続けることです。75歳までは仕事を続けながら、自分に可能な限り積極的に社会参加をしていくつもりでいます。

60歳前後で、それまでの人生でため込んできたものにひと区切りをつける老いを迎える活動「老活」を行い、そして、80歳前後で、残された者に迷惑をかけないために、そろそろ終活を考えるべきだと思います。60歳や70歳で終活を考えるのは早過ぎます。

老活はなにから
はじめればいいのか？

人生の棚卸しというか、次のステージに移るためには、前のステージのもろもろを整理する必要があります。そして、それはステージの違いによって、老前整理（老活）と生前整理（終活）に分けられます。

勤労生活の一線を退き、身辺を見直して、不要なモノや肥大した人間関係を整理するのが高齢期を迎えるための準備活動「老活」です。

一方、終活といわれるような生前整理は、食べられなくなったときに胃ろうを行うか、重篤な病気になったときに延命措置をうけるか、臓器を寄付するかなどを表明しておいたり、自分の死後に残された家族が相続問題などで苦労しないように、本人が死ぬ前に財産や遺品の内容を明らかにして、どのように相続してほしいかという希望を遺書などに書き残すことです。

自分の高齢期を充実させるためにする老活は、元気なうちに取り組みたいものです。個人差はありますが、60歳から65歳前後が適当でしょうか。高齢になると体力も気力も衰えて、モノを片づけるということがおっくうになりますし、いきなりモノをゼロにするという設定はできません。モノを捨てるには精神的なエネルギーがいります。

そこで、職業からの引退を機会に、新しい人生のステージに入ったと自覚しましょう。精神的に豊かで、新しいステージを楽しむすっきりした高齢期を迎えるためには、まず身軽になることが大事だと思います。

身のまわりのモノを半分に減らし、人間関係も整理して、生活を簡素化していくことに憧れる人は多いのですが、実行するのは楽ではありません。もったいないからといつまでも無用のモノを抱え込んでいては家の中が片づかないだけではなく、なによりも人生の新しいステージを生きるという覚悟が鈍り、過去に執着する自分を甘やかすことになります。古いモノを抱え込んでいると新しいモノが入ってきません。

第一に、家の中にある独立した子供たちのモノを片づけましょう。子供からの自立「子離れ」を形にするのです。

私の二人の娘は、結婚して家を出て行くとき、「ここは自分の部屋として残しておいてほしい」というので、そのままにしていました。しかし、3年もすると、本人たちにとってもそのときは愛着のあった古いモノは過去のモノになり、どうでもよくなり、「適当に処分して」ということになりました。

所有しているモノの中には、自分や家族の歴史と思い出が詰まった人生の歴史的記念の品もあります。ただきっぱりと捨てればいいということではありません。

その中でとっておくものをステージごとにひとつかふたつ、多くても3つ以内におさえるようにしましょう。その整理ができるのは自分だけです。処分の作業は、業者にしてもらえますが、判断は自分です。そこで、モノの要・不要を自分で判断し、どういう処分をするのがいちばん望ましいかを考えなくてはいけません。

そのときの仕分けは3つのグループに分けましょう。

第1グループは、どこの骨董屋さんに出しても値がつく美術品や、宝石や純金のような客観的資産価値があるもの。とても少ないはずです。

第2グループは今は使わないが過去の活動の記憶や記録となる自分だけの思い出の品です。

そして、第3グループが日常使っていた、または使う予定がある実用品です。

その中で、客観的価値があるものは急いで処分する必要はありません。生前整理（終活）のときでも遅くありませんし、遺言を残して遺品として整理してもらってもいいと思います。

私は一度だけテレビ番組の『なんでも鑑定団』に出演したことがあります。そのときに出品物をなににするか悩んだのですが、買ったときに高価だった和服や装身具はまったく値がつかないと知らされて驚きました。値がつくのは故事来歴がはっきりしている書画や骨董品です。

老前整理で積極的に整理して、手放したいのは実用品と思い出の品です。自分には思い出があっても、他人から見ればガラクタ同然で、誰も引き受け手がないというモノが多々あります。日常着ている洋服や使っているアクセサリーは、遺品整理では子供が1着だけ思い出に引き取るという程度です。ですから、まだ新しいアクセサリーやブランドもののバッグなどは、生きているうちに、引き取り手としてふさわしい人を見つけて、いわく因縁をきちんと伝えて、プレゼントすることです。

実用品はできるだけ使いましょう。使いきれないモノや声をかけても引き取り手がないモノは、バザーや自治体の回収などを利用して、どんどん手放しましょう。これは私自身に対する戒めでもありますが、自分へのご褒美に買った服やアクセサリーはもったいないとため込まず日常でどんどん使う。タオルや食品などのいただきものやお返し品は、実用品は早めに仕分けて、新品で喜ばれるうちに処分するに限ります。私の叔母夫婦は、高齢期は収納の多い使いやすい家で生活していましたが、収納スペースにはたっぷりと新しいタオルや皿、シーツなどがしまわれていました。

ブランド物のスカーフやアクセサリーの類いは、娘や孫だと将来は自分のものになると思っているので、あげても喜んでくれません。ところが、たまに会う姪《めい》や従兄弟《いとこ》、あるいは親しい後輩は好みがあえば喜んでくれます。それは、期待していないからだと思います。期待していない人に、その人の好みにあったモノをプレゼントするのがいちばん上手なあげ方かもしれません。「それ、いいわね」とほめてくれる人に、できるだけプレゼントしましょう。欲しがらないモノや好みにあわないモノを押しつけてはいけません。若い友達や甥や姪であれば、もらってくれるのではないでしょうか。プレゼントするほうも、「あなたの活躍を期待してるわよ」「感謝してるわよ」ということを形で示すことにもなります。モノだけでなく、モノがたり、なぜ「あなた」にあげるか説明してからさしあげましょう。

仕事上必要でそれまで使っていた、あるいは使おうと思っていたペンケースやブックカバー、カバンといった実用品を、新品や立派なものは退職を機会に後輩や部下に、愛情と感謝の気持ちを込めてプレゼントするのはいいことだと思います。それは、品格のある職場の去り方でもあると思います。そして、仕事やポストに関わる関係書類や参考書類は、できるだけ処分しましょう。

私も公務員を辞めるとき、それまでの仕事に愛着があったので資料を捨てることができず、参考資料や書類を詰めたダンボールを30箱ほど実家に送りました。しかし、その後、数年たつと愛着も薄れ、読み返すこともなく処分しました。

すぐに捨ててしまうのがつらい、あるいは整理する時間がない場合には、とりあえずダンボールに詰めておき、3〜5年ほどたってから見直すのがひとつの対処法です。

私の経験でいえば、そのときは愛着があっても、時間がたつと驚くほど自分の心の中での重要性が低下しているものです。そうした判断ができるようになるまで、クールダウンするために一定期間の時間を設けることはストレスをかかえないために必要だと思います。

ギアチェンジをして生き方を変える

老活には、今までの仕事を見直すことも含まれます。

組織の中にいる人たちの処遇は、定年の10年前頃までに大体わかります。その後のコースが中枢に残り経営陣にまで上りつめるか、関連会社に出向したり、周辺部で役職につくか、最後まで一般の社員で残るかという3つのパターンです。当初の希望したキャリア設計どおり中枢に残り役員までいける人はほんのほんの一握り。ほとんどの人は、その前に挫折します。多くの人は敗北感を持ち、自分は次になにを目標に生きていけばいいんだろうかと思い悩みます。それが多数派です。

定年を迎えたり、肩をたたかれたら、今までの職場を卒業し、新しいステージに移って新しい世界をつくるんだというふうに気持ちを切り替えなくてはいけません。ほんとうはその前から別の職場で生きる心の用意をしておきましょう。

しかし、組織の中に長年いて、ほかの世界の人とつきあわないと、そこだけが自分の生きる世界となり、執着と煩悩の巷《ちまた》になりがちです。「俺を追い出したのはあいつの陰謀だ」とか、「あいつが足をひっぱったからこうなったんだ」と、それまでいた組織に執着して気持ちの整理がつかない人もいます。

確かに退職するのはつらいことです。でも、私は職場が変わればつきあう人たちも変わって、人生が広く見えるようになったんだと気持ちを切り替えることが大事だと思います。人生の新しいステージを生きるんだという気持ちの切り替えによって新しい目標を見つければ、その後の人生が大きく変わってきます。過去に執着せず、新しい場でベストを尽くしましょう。

私も公務員から大学という新しい世界に移って、はじめはカルチャーショックを受け、戸惑いもありましたが、自分なりにベストをつくして新しい居場所を見つけました。

組織では上へ行けば行くほどポストが少なくなるわけですから、圧倒的に多くの人たちが上へ行けず外へ出るのは自明の理《ことわり》です。外へ出てもつけるポストは少なく、まして華やかなポストは限られています。

退職を好機として、これからは今までの組織の肩書で仕事はできないんだと覚悟を決め、過去は過去として、現在、自分にはなにができるのかという視点で自分の人脈や能力、強みと弱みをもう一回見直しましょう。ギアチェンジをして、そこで生き方を変えるのです。

あるいは、組織の出向命令に不承不承従うのではなく、脱サラして、起業する選択肢もあります。定年退職してからの起業は難しいかもしれませんが、50

代後半であれば実現の可能性は十分あります。その場合には、社会的貢献を目指すのか、経済的報酬を目指すのか、自分で十分考えましょう。そのうえで軌道に乗るまでは山気を出さずにリスク低減とコスト抑制を図りつつ、継続して発展し続ける具体的なビジネスプランを描くことが重要です。自分の経験や人脈を活用できるといいですね。

事業をはじめるということは生易しいものではありません。ある期間は覚悟を決めて歯を食いしばり、血が滲《にじ》むような努力もしなければいけないでしょう。それは登山と同じようなものです。先の見通しもきかず、背負っている荷物は重いけれど、一歩一歩とにかくここで足を踏みはずさないよう頑張らなくてはいけないという時期を絶対に乗り越えねばなりません。それに耐えて一歩ずつ登っていくと、あるとき視野が広がって見晴らしがきくように、物事が広く見えるようになるのです。

私自身も34年あまりの公務員生活の後、昭和女子大学に来たときはどうしたらよいか迷うことがたくさんありました。それまでは、日本全体のためにビジョンを描き、施策を検討し、予算獲得のために働いていたのに、大学では限られた人数の学生を対象に、限られた数の教職員と協力して仕事をしなければなりません。仕事の対象や範囲がぐっと狭くなりました。そこで、私は、「今までは舞台づくり。これからは舞台で演じるプレイヤーを育てる」と、新しい目標に向けて心を切り替えました。そして、具体的にできることを工夫し、実行し、少しずつ目に見える成果をあげるように努め、それによって大学の方たちに受け入れられ、自分も励まされました。

「林住期」の過ごし方
威張らず、卑下せず、むさぼらず

人の一生は年を重ね変化しますが、上昇と下降というとらえ方ではなく、それぞれの年代で別のステージを生きるという考え方が私は気に入っています。

インドには人生を「学生期」「家住期」「林住期」「遊行期」の４つの段階に分けて、それぞれのステージごとの生き方を示唆する「四住期」という思想があります。この考え方は、五木寛之さんの著書などで広く一般に知られるようになりましたが、成立は古代インドのバラモン教にさかのぼります。

第１段階の「学生期」というのは修業期間です。今の日本にあてはめれば、個人差はありますが30歳前後まででしょうか。学校を卒業し、職場や社会でいろいろな経験を積んで社会人として、職業人として一人前になるまでの期間をさします。

2番目の「家住期」は、ここでやっていくんだ、自分の仕事はこれだと覚悟を決めて、全力投球をする。家庭をつくり、子供を育てる。そういった働き盛りの期間で、生活基盤をしっかり築く時期でもあります。

3番目に来る「林住期」は、仕事や家族への義務を果たし、自由度が増して本来やりたかったことができる期間をいいます。それまでのように経済的必要や家族への責任で仕事に従事するのではなく、報酬やビジネスを離れて、自分の使命感や興味でコミュニティー活動やボランティア活動といった社会活動をする期間です。五木寛之さんは、50歳から75歳までが「林住期」にあたるのではないかとおっしゃっていますが、私は、現在の日本では60歳前後までは「家住期」で、それから80歳頃までが「林住期」だと考えています。

そして、その後から寿命が尽きるまでの最後のステージが「遊行期」で、この期間は趣味活動を楽しんでもいいでしょうし、家族とともに穏やかに過ごしてもいいし、一日一日を楽しんで悠々自適な生活を送ってもいいと思います。つまり、昔からイメージされているような引退後の高齢期の生活です。

今までの日本では、家族や社会のために働く「家住期」が終われば、自分の意思で社会的に働く「林住期」を経ることもなく、一足飛びに自分の好きなことをしてゆったりと日々を過ごす「遊行期」に移行する人が大半でした。今まではは忙しく働き詰めに働いたのだから、旅行したり趣味を楽しんだりするのが高齢退職者の特権だと思う人が多数を占めていました。しかし、高齢社会となった今、「林住期」をどう過ごすかが自分にとっても社会にとっても重要になってきています。

私は退職後の男性や、子育て後の女性が「林住期」と思いますが、その時期の生き方としては、ＮＰＯや社会貢献活動、また、社会的課題の解決を目的に事業を展開するソーシャルビジネスに携わることが理想的な姿だと思います。世の中が必要としている仕事は、報酬を考慮しなければ山ほどあります。たとえば高齢者の介護。学童保育。環境保護。伝統文化の保護。国際交流。日本在住の外国人たちのサポート。あるいは地方の地域おこし……。その仕事で家族を養う収入や、社会的地位や権力を得ることは難しいですが、そういう活動をすることによって世の中が少しだけよくなる。これが「林住期」の働き方です。「林住期」の人は退職金や年金で食いつなぐだけでなく、自分が無用者ではなく、世の中の役に立つ存在なのだという手応えが感じられる場を絶対に持つべきだと思います。それにともない少しでも収入が得られれば、もうけものです。「自分にはもう能力はない」「もう年だから」とあきらめず、今の自分にできることをはじめましょう。それが生きるエネルギーになります。

退職後の活動は、現役のときにどういう過ごし方をしたかをはっきり映す鏡です。たとえば、ポストを笠に着て威張っていた人は、その職場を離れると誰も関わろうとしてくれなくなります。ところが、同じポストについていても、若い人のサポートをしたり、後輩や部下を育てよう、励まそうと役に立つアドバイスをしたり、機会を与えたり、紹介したりしてきた品格のある人にはどこからか声がかかり、人が慕ってくれます。

「ぜひにと頼まれれば、やってもいいよ」といいながら、自分からはなにもせずにもったいをつけている人には、声はかかりません。そういう腰の重い男性は、口でそうはいってても、頼みにくい雰囲気がぷんぷんあらわれているからです。特に大企業でそこそこの役職についていた男性の中にはそういう人たちが多く、他人に頭を下げてまで仕事なんか探したくないよというオーラが言外にあらわれています。

そういう人たちはお声がかからなくても、別に経済的に困っているわけじゃないんだからと、「家住期」から一足飛びに「遊行期」へ移行しがちです。個人の考え方は自由ですが、私はあまり感心しません。農業や自営業の人は体が動くうちは働くのがあたりまえでした。働くのは心身によい効果を与え、週に2〜3日でも定期的に働く人は健康的で、医療費が少ないというデータもあります。

頭を切り替えて自分が必要とされて、世の中をよくしている手応えを得るためにも働きましょう。健康な高齢者に働いてもらうのは地域社会や本人にとっても素晴らしいことです。

まだ十分に頭と身体が動かせるうちは、威張らず、卑下せず、むさぼらず、謙虚な態度で、できるだけ社会活動に参加したいものです。

趣味は他人に迷惑をかけない範囲で楽しむ

仕事を引退したら、趣味を楽しみのんびりと暮らしたいと夢見る人はたくさんいます。

絵を描いたり、陶芸をやったり、その道で一家を成そうという意気込みで続ける趣味は生きる目標になります。若いときにやりたくても忙しくてできなかったから、自分の思いのままに暮らすことができる「遊行期」になって趣味を楽しむというのも意味があると思います。しかし、まだ十分に社会活動が続けられ、心身ともに健康である「林住期」に、好きな趣味だけをエンジョイします、というのは少し早すぎます。

本気で趣味に没入するなら、「林住期」はプロとして通用する水準を目指すべきです。たとえば、蕎麦打ちをはじめて、家族や友達に、「俺が打った蕎麦は美味しいから、さあ食べろよ」とふるまう人がいるようですが、それは2〜3回が限度です。ハードルは高いですが、蕎麦打ちもはじめる以上は店を開き、知らない人がお金を払ってでも食べに来てくれるような水準を目指すべきです。

社会人として仕事に励み、家族の世話をし、子供を育てた「家住期」はモーレツに働いて大変だったから、もう疲れてしまった。それでといきなり「遊行期」を志向する人も多いかもしれません。女性では子供が独立した後、お茶やお花を習ったり、ゴルフをしてみたり、いわゆる習い事を楽しみたいと、あちこち手を出す人もいます。でも、手を広げて新しいことをするのは3カ月から半年は楽しいけど、1年もたつとひとつかふたつにしぼられてくるのではないでしょうか。

女性の場合は、男性と違って、仕事を引退してもあいかわらず家事の責任者の場合が多いので、「毎日が日曜日」ではありません。そこのところが男性と女性といちばん大きく違うところです。女性は家事と並行して趣味を趣味として楽しむので、男性と比べるとすぐに飽きてしまうことは少ないようです。

私のまわりにも、引退してからフラダンスやシャンソンを習いはじめ、ときどき発表会を開催している知り合いが何人かいます。知らない人が聴きに行くほどではないアマチュアの発表会は、無料のチケットを配ったりします。しかも、会場費は全額負担ですから、けっこうな持ち出しになります。落語に、隠居さんが店子《たなこ》を集めて下手な義太夫を語るという「寝床」という演目がありますが、あの噺《はなし》の現代版です。知らない人が聴きたいと思うレベルではない発表会を聴きに来てくれるのは、それまでの温かい人間関係があってのことです。

まわりを巻き込んでまで好きな趣味活動に没頭するのではなく、「林住期」には、やはり、少額でもいいからお金をいただけるような仕事をどこかでやるべきだと思います。そして、趣味は趣味として、負担にならない範囲で楽しむ。

私の知り合いの中には、子育て後にシャンソンを習い、本格的に歌手として入場料をとって、立派にリサイタルを開くレベルになった女性や、版画の名人として銀座で毎年個展を開いている人もいます。それは若いときにある程度がんばって中断した後、「林住期」に昔取った杵柄《きねづか》を磨きあげて、プロとして復活されたのです。

興味を持つ趣味を持つ

80歳を過ぎ、一日一日を楽しんで悠々自適な生活を送ってもいい「遊行期」になると、「趣味」が大きな意味を持ちます。

下手の横好きという言葉もありますが、趣味は自分が水準以上の腕前でなければ楽しくないし、長続きしません。他人よりは上手いと自己満足できるような趣味がひとつあるとラッキーです。そして、それとは別に、「私には才能がないんだから」「もうこの年だから」とあきらめてしまわないで、新しくやってみたいことを下手でも試してみる。そういう趣味を持つと、新しい人生を楽しめます。

歌うことが好きな方はカラオケ教室や歌謡教室などに通い、アットホームな雰囲気の中で楽しく歌うのはとてもいいことだと思います。お腹から大きな声を出すだけで運動になりますから健康増進のために役に立つし、ストレスも発散できます。コーラスも歌そのものを楽しむ上に、仲間ができるのでいいと思います。ただ、コーラスグループに知り合いがいたり、なにかきっかけがなければ入りにくいのですが、ときどき地域のコーラスグループが新規会員を募集することがあります。そのときはひとりでも勇気をふるって応募しましょう。歌謡教室ならひとりでも通うことができます。コロナ感染予防のために大声を出すなというのは残念ですが、しっかりと対策を講じている教室もあります。

私の趣味は、読書と短歌を詠《よ》むことです。短歌はなかなか上達しませんが、馬場あき子さん主宰の結社に加わりました。

短歌は子供の頃から大好きで、「百人一首」のカルタとりからはじまり、大学の頃は朝日歌壇に投稿して、採用されたりもしました。でも、あくまで素人です。プロの歌人というのはどんな状況でも歌が次々と出てくるようですが、私の場合は電車に乗っているときや飛行機の待ち時間にふと思い浮かぶことが多く、逆にいざ作ろうと思うとなかなかできません。それが素人の素人たる所以《ゆえん》ですね。

読書も子供の頃からの趣味です。最近の若い人たちや高齢者の中には本を読むのが面倒で、面白くないという人が増えているようですが、それはほんとうに残念で、もったいないと思います。本によっていろんな人の人生を知り、歴史を知り、自分の引き出しが豊かになります。本とは対照的に、圧倒的多数の人はスマホやテレビを楽しんでいると思いますが、テレビは一方的に情報が送られてくるので、自分の想像力をかき立てることが少ないように思います。そういった意味では、やはり本を読んで、いろいろな状況を想像するほうがいいと思います。私の場合、著者はこう書いているけど自分は違うとか、「これは、そのとおり。なるほど」などと、対話しながら読んでいます。

テレビもつけっぱなしで漫然といつまでも見ているのではなく、ニュースや特集番組など、自分が見たいと思う番組を時間を決めて見るようにする。そして、テレビも本も同じですが、放送されたことや書いてあることを無条件に信じて、鵜呑《うの》みにしないことです。「コメンテーターや著者は、こういったり書いたりしているけれど、私ならこう思う」、あるいは、違う考え方もあるというふうに、常に自分の考えと照合することが大切です。そのためにも多くの本を読み、いろんな考え方があることを知っていると騙《だま》されません。

私は、特に若い人が書いている本を読むと、ついつい自分の経験と比較し、批判的な目で見たりしますが、それが年を重ねた人間のひとつの鑑賞法であり、読書法だと思っています。受け身にならずに、テレビや本との対話に参加する。そうすることで頭も活性化するし、より楽しく見たり、読んだりできるのです。

自分のブログを開設することも有意義な趣味だと思います。借りてきた知識をひけらかしたり、一般的にいわれていることをそのまま繰り返してみてもつまらないので、自分独特の視点で工夫しながら書く。文章を考えることは頭の体操にもなります。ブログを開設して、自分独自の視点を養い、自由にどんどん異論を書くと楽しく続けられると思います。あまり真面目な意見を書くと、「重い」「つまらない」と敬遠されて、人気が出ないという人もいますが、反応を気にせず、自分なりに考えて書いてみましょう。

「ゆっくり楽しく学びたい」「新しい世界の友達をつくりたい」など、より豊かな人生を求める方は大学や大学院に入り直してみてもいいでしょう。入学にあたっては小論文や面接試験がありますが、合格すれば充実した学生生活が送れます。学士課程は4年間、修士課程は2年間、博士課程は3年間ですが、修士は2年間の授業料で4年間在籍できる長期履修という制度がある大学が増えています。昭和女子大学でも社会人入学の制度があります。女性は学士課程の学部にも修士・博士課程の大学院にも入学できますが、男性は大学院に限られています。正規学生になるのは荷が重いという方は、1科目でも2科目でも、勉強したい科目だけを履修する科目等履修生制度もあります。こちらは選考のうえ、受講が許可されれば授業を受けることができます。また、大学に限らずいろいろな自治体が、県民大学や市民大学、区民大学という学習の機会をとても安価な料金で設けていますので、こちらも手頃な勉強の機会としてはおすすめです。

それから、これは趣味といえるかどうかわかりませんが、犬や猫など人生の伴侶としてコンパニオンアニマルを飼いたいという高齢者もいます。たしかにコンパニオンアニマルは高齢のご夫婦や独居老人の伴侶となって生活を充実させてくれますが、ペットロスの問題を考えると、諸手《もろて》を挙げて賛成というわけにはいきません。コンパニオンアニマルは飼い主の精神面と生活に深く関わっているだけに、ペットが先に死ぬとペットロス症候群と呼ばれる深刻な精神不安定状態を引き起こすことも知られています。また逆に、飼い主のほうが先に逝ってしまい、ペットの最期を看取《みと》ってあげることができなかったり、年老いて、毎日の餌の世話や散歩がおっくうになってくるケースも考えられます。そういうことを鑑みると、コンパニオンアニマルを飼うにあたっては自分の体力を考え、十分な覚悟が必要だと思います。

生き物がそばにいるというのは、心の安らぎになります。でも、犬や猫の場合はペットロスで悲しむ人が多いのも事実です。そこで、ペットよりも穏やかな愛情関係が築ける観葉植物や花を育てるのもいいと思います。

花は苗を買ってきて植える人が多いと思いますが、チューリップやヒヤシンス、ダリアといった球根の花は失敗が少ないようです。花造りの延長で私がおすすめしたいのは、ベランダや陽当たりのいい室内などで野菜やハーブを育てるベランダ菜園です。私は昔からローズマリー、バジル、青じそ、ペパーミントを育てていますが、ハーブは病虫害に強いので、水さえ絶やさなければすくすく育ちます。スーパーで売っているハーブはけっこう高くて、しかも古かったりしますが、鉢植えからひと枝取ればフレッシュだし、すぐにまた生えてきます。食生活にアクセントをつけるうえでも、ハーブは役立ちます。野菜では、夏場はゴーヤがおすすめです。緑のカーテンで暑い日差しをさえぎり省エネにもなりますし、実は美味しく食べられます。冬場は、種をまけば、すくすく生えてくる大根がおすすめです。

ことほどさように身辺に趣味はたくさんあります。これなら上手くできるという趣味と、やってみたいと思えることを見つけて、ぜひ、人生を楽しんで過ごしましょう。

「世話してもらう人」から「世話をする人」に

男性は現役を引退したら社会奉仕をする場を持たなければいけないと前述しましたが、もうひとつの選択肢は、女性のように家事をしっかりやることだと思います。単に手伝うとか、蕎麦打ちのように趣味的にやるのではなく、家事、孫の育児や教育を本気で分担するのです。家事もやってみれば楽しく面白い、と思える男性もいるはずです。

87歳の料理研究家として知られる小林まさるさんは70歳で長男夫婦と同居したとき、忙しいお嫁さんに「掃除、洗濯、料理は全部自分でやるから、仕事に全力投球しなさい」といったそうです。そして、料理研究家のお嫁さんを手伝うちに自分にも機会がめぐってきたそうです。

妻も夫への愛情があるなら、料理、掃除、洗濯などの家事を独占せず、定年後の夫を少しずつ訓練していきましょう。

女性は引退した後も、親の世話とか孫の面倒を見てほしいとか、共働きをしている娘の手伝いをしてほしいと各方面からお声がかかりますが、男性にはほとんどかからないのが現状です。男性も元気ならば「世話してもらう人」から「世話をする人」にならなければいけません。自分からすすんでやってみると、家事や孫の世話は男性にとっても楽しい活動です。家事の中でも、男性が楽しめるのは料理と育児です。今まで自分が関わってきた世界とはあまりにも違うし、どう入っていっていいのかわからないから、最初の一歩を踏み出すときには勇気がいると思います。しかし、そこを克服すると、新しい世界がきっとひらけるはずです。そのためには、過去にとらわれないことです。いつまでも妻のサービスの受け手として家の中でお客様でいるのではなく、新しいステージで人間的に成長し、解脱するというような境地を目指さなければいけません。外で妻や娘が活躍しているのに、俺は家事をさせられているとか、孫の子守りをさせられていると被害者意識を持ったら絶対に上手くいきません。小林さんのように「やれるほうがやるのが当然じゃないですか」という感じでひょうひょうと家事全般をこなす境地になりたいものです。

長年つれそった夫婦でも、必ずどちらかが先に旅立ちます。男性が残される確率もかなり高いものがあります。そのときになって、家事はできない、家のどこになにがしまってあるのかわからないと途方に暮れることが少なくありません。定年退職し、時間があっても「家事は女性の領分」と思い込んで、好きな趣味以外はなにもやらず、現役時代と同じように妻は夫にサービスするべき存在と思ってこき使っていては人間としての品格に関わります。「林住期」は男性も自ら進んで家事をこなせるようになり、家族の世話をしましょう。

女性も、家事を完全に半々にする必要はないにしても、週に1、2回は旦那さんが料理を作り、「あなたが作ったものは、どんな料理でも感謝して食べます」という日を設けるようにしましょう。よくあるのは、「あなたにさせると下手だからとてもまかせられない。私がやったほうが手早いし、仕上がりもよく、美味しくていい」と、ご主人になにもさせないケースです。母親の家事独占が、結果的に子供の自立を妨げるように、妻のやりすぎが旦那さまをなにもできない老人にしてしまうのです。

自分の流儀に固執せず、「そういうやり方もあるのね」と、パートナーの家事を温かい目で見て、感謝しましょう。

ソーシャルディスタンスのすすめ

男性は、社会的な役割がなくなると勢いを失います。最初のうちは仕事からも、わずらわしい人間関係からも解放されてのびのびと暮らしているのですが、長い職業生活の中で与えられた「やらなければならない仕事」だけをこなすうちに、自分で「やりたい仕事」がなくなり、自分からは動けない人になります。自分から動かず、人と関わらず、ひとりで過ごしているうちに、やがて心身に失調をきたし、引きこもりになったり、鬱病になるケースも少なくありません。もともと趣味もなく、人づきあいも好きではないというタイプの男性の場合、退職後は人と関わることが極端に少なくなります。やることもなく家にこもってゴロゴロ過ごしていると、妻からは批判的な態度を受けます。それに自尊感情が傷つけられて、どんどんと症状がエスカレートしていくのです。これを「婦源病」といいます。人間力の大きい寛容な奥さんであれば、一緒に出かけましょうとか、あなたもこれをやってみたらと、それまでの仕事人間から地域人間への軟着陸をサポートするのですが、そういう包容力のある女性ばかりではありません。妻に頼らず、自分で自分を楽しむ方法を見つけるようがんばりましょう。

会社勤めをしているときは妻の行動や生活に無関心だったのに、朝から晩まで家にいて、やれお茶だ、やれご飯だと催促し、出かけようものなら、「どこに行く？」「何時に帰る？」などとやたらと詮索する。そのような夫の過干渉に妻は強い束縛感を感じ、症状の軽重はあれ、なんらかの不調が生じる。長年にわたって築いてきた自分なりの快適なライフスタイルが、夫の定年退職によって維持できなくなり、ひどい場合には鬱病になることもあります。毎日、夫が家に引きこもっていてうっとうしいわねと、自分もストレスを感じている奥さまが多いのではないでしょうか。夫が一日中在宅するようになることで、逆に妻が病気にかかってしまうのは「夫源病」や「主人在宅ストレス症候群」と呼ばれています。夫の定年がきっかけで夫婦仲が悪くなり、熟年離婚をするケースもあります。また、最近は新型コロナウイルス感染症の拡大を防止するために在宅勤務が増えていますが、専業主婦の４人にひとりは夫に在宅勤務をしてほしくないといっています。ストレスから夫婦仲が危機に瀕《ひん》して「コロナ離婚」を考える若い夫婦が増えているといいます。そんな夫婦は他人との人的接触距離の確保としてのソーシャルディスタンスに加えて、夫婦間のほどよい心の距離も確保するようにしましょう。

　仲のよいご夫婦はいつも一緒でもいいのですが、ふつうはつかず離れず、適正な車間距離ならぬ人間距離が必要です。夫の定年で夫婦仲が悪くなることを避けるには、今までの習慣や、男はこうあるべき、夫はこうすべきという思い込みや先入観を捨てられるかどうかがいちばんのポイントです。世間一般の夫がバリバリ社会で活躍し、妻がそれをサポートするという「あるべき夫婦像」にとらわれてはだめです。お互いのいいところはなにか、悪いところはなにかを再確認し、お互いの不完全さを許し合い、受け入れる器量が必要です。結婚生活も30年以上になると、この人はこういう人なんだとお互いにわかっているのであきらめがちです。それでも少しは変わることはできるし、定年という節目は、夫婦にとっても新しいステージに踏み出すためのチャンスでもあるのです。地位や資産ではなく、相手の人間としてのいいところを発見しましょう。

日本の場合、よく男性たちのコミュニケーションが不器用だといわれますが、実は女性も不器用なことが多いのです。自分からは働きかけないで、我慢して不満をうちにこもらせる。それではなにも解決しません。旦那さんも妻を必要以上に束縛しないで、ひとりで楽しめる時間を持つように努力してみてください。また、人づきあいの苦手な旦那さんがめずらしく妻に話しかけてきたときには、奥さまは話に耳を傾け、あいづちのひとつも打ちましょう。

私の知り合いのアメリカ人で、働いていたときよりも定年後に仲がよくなった老夫婦がいます。旦那さんはエンジニアで、もともと人と喋《しゃべ》ったり、楽しく交流したりすることが不得手だったので、職場を引退した後、一時引きこもりになりました。そこで、奥さまが家事をせっせと教えました。旦那さんも料理は気に入ったらしく、コツコツとレパートリーを増やし、少なくとも食事の支度は彼がすべてやってくれるようになりました。それによって、奥さまは行動の自由を手にしたのです。彼女は車の運転が大好きで、暇を見つけては、出かけようとしなかった旦那さまをドライブに連れて行くようにしました。

働いているときには、旦那さまが料理にハマるとは想像もしていなかったようですが、お互いが得意な分野を受け持つことで、今では二人で楽しい高齢期を過ごしています。

孫やタマゴを育てることが高齢期を充実したものにする

定年退職して時間にゆとりのできた「林住期」の夫と、その妻が孫を育てることは、本人にとっても、子供にとっても、孫にとっても素晴らしい経験です。

前述しましたが「林住期」というのは、人生を4つの段階に分けて考えるインドの思想で、心身を鍛え、勉強し、体験を重ねる「学生期」、そして、働き、家庭をつくり、子供を育てる「家住期」を過ごした後にむかえる3番目のステージです。年齢でいえば、60歳すぎから80歳頃までだと私は考えています。

仕事や家族への貢献が終わり、自分が本来やりたかったことができる期間なので、仕事を持っている忙しい子供にかわって孫の面倒を見てあげることもできます。しかし、定年退職した祖父母が孫を育てることを希望しても、実現するとは限りません。

孫が遠くに住んでいて、物理的に無理な場合があります。また、近くに住んでいたとしても、母親（多くはお嫁さん）が子供を祖父母にあまり接触させたがらないこともあります。特に母親が専業主婦の場合は子育てが生きがいで、時間的余裕があるので、その傾向が顕著です。しかし、娘やお嫁さんがワーキングマザーの場合は、否応なしに祖父母に頼らざるを得なくなります。私の場合は完全にそうで、私の母に娘二人の育児をサポートしてもらいました。

私は富山県出身で、母は郷里で暮らしていましたが、私の上の娘が風邪をひいたり、熱を出したときは折にふれて助けに来てもらいました。父親が亡くなり、下の娘が生まれたのを機会に東京で定住してもらいました。そのとき、母は72歳で元気でしたから、とても助かりました。

母は92歳で亡くなりましたが、下の娘が20歳になるまで一緒に暮らしました。お互いに愛情をかけあって、母にとっても、娘たちにとっても、かけがえのないとてもいい時間を過ごせたと思います。娘たちと過ごすことによって母の高齢期が充実したものとなり、娘たちも愛情にあふれた肉親が常にそばにいてくれて喜んでいました。母は年を取り体は弱りますが、娘たちも小学校、中学校と大きくなるので、お互いが助けあい、刺激しあえます。

今でも娘たちは、おばあちゃんと一緒に至福の時間が過ごせたといってくれています。こうした私の子育てに対し、「自分では育児をしなかった、母親失格」と批判する人もいましたが、お互いが幸せであるから、これでいいのだと思っています。

「林住期」で孫育てに関わる人生戦略のひとつは、娘には続けることのできる仕事につけるようにサポートし、息子には働く女性との結婚を「いいな」と思うようにしむけて、働く娘、働く嫁を確保することです。もちろん思うようにはなりませんが、専業主婦のお嫁さんだと親の出る幕は限られます。

私が生まれ育った富山県では、たとえば学校の先生や看護師、県庁や町役場に勤めている公務員といった女性は、お嫁さん候補として歓迎されます。そのようなしっかりした仕事を持ったお嫁さんは外へ出て稼いでくれて、お姑さんが家事や孫の世話をするので家全体がいきいきします。

富山県に限らず、昔の日本ではそういった三世代同居があたりまえで、子供が産みやすく、生産人口が増加して国力を上げてきました。ところが1970年代頃から核家族化が進み、結婚して両親と別居するのがあたりまえになって、専業主婦が育児・教育を独占するようになりました。しかし、いくら母親が専業主婦でもひとりで子供の面倒をみるワンオペ育児は負担です。だから子供は少なくなり、労働力人口は減少を続ける一方です。子供たちは大きくなっても過保護に育てられてひよわになり、就職や結婚もままならず、国全体がどんどん痩せ細っています。

現実問題として、少子高齢化は深刻な状況になりつつあります。人口の減少に比例して経済規模も縮小し、成長率は低下し、就業機会も減り、老老介護が増加しています。このままいけば、介護される側と介護する側がともに年金のみを頼りにする状況になります。

こうした事態を改善するひとつの方策は、第一線から退職した「林住期」の親が孫の世話をし、女性がしっかり働くことです。これは自分のためであるばかりでなく、子供のためにもなり、ひいては日本のためになる人生戦略だと断言できます。しかし、今の日本では女性たちが出産後も働いていける職場は多くありません。まだ女性は非正規社員が過半数をしめています。そのためには、女性たちがニーズの多い仕事につける資格を取れるような若いときからの教育が必要です。現在、女性が生きがいを持って働ける職場を増やし、社会がそれをサポートする方向に向かっていますがまだ十分ではありません。保育所だけでなく、祖父母などいろいろなサポートが必要です。

多くの親は、自分のかわいい娘が「仕事が忙しいので助けてください」という場合は、快く引き受けます。ところが、お嫁さんから、「働きたいのでよろしくお願いします」と頼まれることもめったにありません。息子が結婚したら、その妻に早くから子育てを助けると自分から宣言し、出産後も仕事が続けられるよう、サポーターになる関係をつくる努力をしましょう。

子育ては母親がすべきで、祖父母がしゃしゃり出ていくら世話をしても孫はお嫁さんになつくから張り合いがないなどといわず、子供たち夫婦の育児と仕事の両立を快くサポートしてあげましょう。それが品格のある姑（舅）というものです。

祖父母にとって孫は、実の子供以上にかわいいとよくいわれます。私も自分の娘たちを育てたときは無我夢中で、仕事との両立に精いっぱいで、正直かわいいと思う気持ちの余裕がなかったのですが、孫はしみじみかわいいと思います。私はまだ仕事があって忙しく、十分な世話ができないのですが、できる範囲で娘たちの育児を支えるように努めています。

1960年代には老後は子供と同居することが当然と考え、別居を望む人は10パーセント前後でしかなかったのですが、今では別居を望む人が3倍以上に増えています。

私の場合は、子育てを助けてもらうために母親と同居しましたが、今は昔とは違うし、お互いの生活を安定させる上で、親世帯と子供世帯は別居のほうが持続的ないい関係をつくりやすいようです。別居して、近くに住むというのがいちばんの理想です。同居すると見たくないものまで見えてしまいますが、「見ぬもの潔し」で、見えなければ腹も立ちません。細かい違いには目をつぶり、お互いに支え合いましょう。

私たちの世代は、仕事を求めて地方から都会へ移り住む人が多く、親子が離れて住むので、助けあうことが困難でした。今は人口移動がおちつき、双方とも大都市圏に住む親子が多いので、物理的な距離を近くすることは可能です。

私の周りでも、娘一家が近くにマンションを買ったとか、近所のアパートに引っ越してきたという話をよく聞きます。

子供や孫のない人はファミリーサポートセンターに登録したり、家族に恵まれない子供の里親になったり、学童保育に関わったり、いろいろな選択肢があります。自分の孫を育てない人は、他人の孫（タマゴ）を育てるのもよいでしょう。

弾力的な関係を築ける夫婦通い婚という選択

定年後は田舎暮らしがしたいと考える男性は少なくありません。

長いサラリーマン時代における重苦しい人間関係から解放される定年後は、あまり他人とは関わらずに自然の中で自給自足の生活をしたい、新しい人生のステージを生きたいと願うのです。しかし、地方に移住しても、もとから住んでいる人との交流はしなければなりません。田舎暮らしが成功するかどうかは、この人間関係が重要です。

また、田舎での暮らしやすさの基準は、人によって異なります。自然があるからとか、生活費が安いからという画一的な価値観で一概にくくることはできません。旦那さまは田舎で畑を耕しながらのんびり暮らすのが好きだとしても、奥さまはヘビや虫が苦手で、ショッピングや観劇に出かけるのが好きというケースも少なくないはずです。

男性は非現実的なロマンチストが多いので、長閑《のどか》な田舎で新しい生活をしてみたいと夢見る人が多いのですが、女性は長年暮らしている地域にお友達や知り合いも多いでしょうし、そう簡単には便利で快適な文化的生活を捨てられないケースが多いようです。こういう夫婦の場合は、お互いに無理強いはせず、別居して、それぞれに自分の好きなことを楽しんでみるのもひとつのアイデアだと思います。

私の知人でも、夫君は定年後に福岡に居を移しましたが、奥さまは東京に住んで、お互いに通ったり通われたり、それぞれの拠点で活動しているカップルがいます。定年後のセカンドライフは夫婦二人でいつも一緒に過ごすべきだという紋切り型の考えから脱却して、弾力的な関係をつくるのです。

奥さんはそれまでいた都会で暮らし、田舎へは旦那さまひとりで行ってもらい、お互いに年に何度か旅行気分で滞在しに行く。現在では格安の賃料の空き家を紹介してくれたり、無料で家や田畑を貸してくれる地方自治体もあります。まず、そういうところで、旦那さまは1～2年間暮らしてみて、情報収集をしてみる。

土地の人とコミュニケーションが取れなかったり、田舎暮らしに馴染めなかったり、また身体がキツくて農業ができなかったりする場合もあります。そのようないくつかの現実を見据えるとともに、先輩移住者がいるようなら話を聞いて地域の特性をよく確かめることが大事だと思います。

いきなり都会の家を処分して、背水の陣で嫌がる奥さまを連れて移住するのはリスクが高すぎます。やはり田舎暮らしは無理だとなったときには、また、やり直せる余地を残しましょう。

二人で移住する場合でも、帰るべき都会の家はキープして、最低でもはじめの1年間はお試し体験をしてみる。

本格的に二人で田舎暮らしをはじめるのは、その土地でやっていけるという確信が得られ、旅行気分で覗きにきていた奥さまも、「ここの暮らしはいいわね」と思えるようになってからでも遅くはありません。

まずはお試し田舎暮らしと定年帰農

田舎暮らしとセットで聞かれるようになった言葉に「定年帰農」があります。

これは、農村出身者が定年退職後に生まれ育った故郷の農村へUターンして農業に従事したり、あるいは出身地を問わず、定年退職者が新天地にIターンして、主に自家消費と健康を目的として農業をはじめることをいいます。

農林水産省の調べでは、平成30年の新規就農者は5万5810人で、前年並みに推移しています。その内訳を就農形態別にみると、新規自営農業就農者（農家）は4万2750人、新規雇用就農者（農業法人に雇われる人）は9820

人、新規参入者は３２４０人となっています。

そして、新規自営農業就農者の内訳を年齢別にみると、49歳以下は23・１パーセント、50歳以上が76・9パーセントを占め、日本の農業の新しい担い手は中高年の人たちが中心になりつつあることがわかります。

農業の担い手が不足し、耕作放棄地が増加している中で、中高年が地域農業の新たな担い手となることは日本の農業にもプラスです。しかし、農業に興味があり、やってみたいと思っていても、実家が農地を所有する農家の場合は帰農しやすいのですが、非農家出身者が農業に参入するには、まだ困難がありまず。農業技術を知らなかったり、田畑や住む家を買ったりするまとまったお金がない、あるいは借りる条件などがわからず、一歩を踏み出せずにいる人も多いのではないでしょうか。

たしかに都会でサラリーマンとして暮らし、これまで農業をやったことのない人が、農地を取得して農業をはじめることは容易なことではありません。しかし、近年は各都道府県や市町村単位で、農業技術や経営技術を教え、さまざまな支援を実施している地域も少なくありません。

また、最近では農業法人が増えてきているので、ここに雇われて農業をはじめることもできます。いきなり自営農家を目指す前に、雇われて農作業や農業経験を積むことをおすすめします。では、どうしたらそうした雇用口を見つけることができるでしょうか。

「全国新規就農相談センター」（全国農業会議所内）や「都道府県新規就農相談センター」（都道府県青年農業者等育成センター、都道府県農業会議内）では求人募集をしている農業法人などの情報を集めていて、相談に応じてくれます。本格的に県立の農業大学校に入学して基礎から学べば、修了後はいろいろなサポートも得られ、人脈もできます。

定年後に農業をやってみたいと思っている人や、自給自足で田舎に定住したいと考えている人は、まず、これらの相談窓口や学校を利用するといいでしょう。そして、いい候補地が見つかったなら、前述したように最低でも1年間はお試し体験をしてみることをおすすめします。

準備もしないで、清水の舞台から飛び降りるような気持ちで新しいところへ飛び込むというのではなく、情報を集め、実際に経験して、農業技術が習得できてからおもむろに行動するべきだと思います。

「林住期」も20年と長いのです。

心に潤いを与える「林住期」の読書のすすめ

読書は、人生を豊かなものにしてくれます。

私は子供の頃から本を読むことが大好きでした。子供の頃はアンデルセンの童話や日本のお伽噺《とぎばなし》からはじまって、青少年期はトーマス・マンやヘルマン・ヘッセ、ロマン・ロラン、トルストイ、ドストエフスキーなど、むさぼり読んだ小説の数々が思い浮かびます。

もちろん日本の古典も愛読しました。そうした書物は試験の役にも立たず、仕事の役にも立ちませんでしたが、別の人生を生き、別の価値観から学んだことが、自分の感性や価値観に大きな影響を及ぼしています。読書をしたい。でも、家族や人のために働く「家住期」は、仕事の上で読まなければならない書類が多く、ゆっくりと読書を楽しむ時間もエネルギーも足りなくて好きな本が読めなかった。そういう人たちも少なくないのではないでしょうか。

そこで、仕事から離れ、自分の意思で社会活動ができたり、自分探しに熱心に取り組むこともできる「林住期」になったら、読みたくても読めなかった本や、大冊（厚い書物）で手が出せなかった歯応えのある本を読んで、国家や民族の興隆から衰退までのさまざまなステージに想いを巡らすのもいい時間の過ごし方です。

また、過去に読んだ名作や古典を読み返してもいいと思います。名作は何年かたって読み返してみると、自分の経験によって、若い頃に読んだときには気がつかなかった別の顔を見せてくれます。あらためて人生観、社会観を深めましょう。

「林住期」に読みたい書物としておすすめしたい名作や古典はたくさんありますが、たとえば塩野七生《ななみ》さんの『ローマ人の物語』や、陳舜臣さんの『小説十八史略』。それから、ハーバード大学のアンドルー・ゴードン教授が書いた『日本の200年　徳川時代から現代まで』。この3冊の歴史書は、それまで「会社」という小さなムラ社会で暮らしてきた自分の視野を広げ、あらためて地球の中で暮らしているという感覚を呼び覚まし、しぼんでいた世界観を広げてくれます。

『ローマ人の物語』は古代ローマ全史を描いた15巻からなる歴史小説の大作で、第1巻から第5巻までは王政ローマの成立から共和制への移行という興隆期、第6巻から第9巻までは帝政の全盛期、第10巻は番外編でローマの社会基盤の整備について、そして、最後の5巻で衰退から滅亡までが、各時代を生きた主要人物に光を当て、彼らの行動を中心にして描かれています。塩野さん独自の意見やフィクションもあり、日本人の教養からはみだすところもありますが、あれだけの影響力を持った国がどうして興り、なぜ衰退していったのかという時間軸、あるいは世界観が、「小さい日本の中にとらわれていてはいけない」という実感となって迫り、閉じていた視野を開いてくれると思います。

『十八史略』は、中国の三皇五帝の伝説時代から南宋までの十八の正史を要約し、編年体で綴《つづ》られた歴史読本ですが、『小説十八史略』は、『十八史略』で扱われている歴史を小説化したもので、激動の時代に生まれたあまたの英雄・豪傑や、美姫たちの確執や葛藤の織りなす人間模様を活写しています。日本文明は広い意味での中華文明の端に位置していて、中国の歴史を知ることは、私たちの来し方行く末を考え、日本の基本になっている中国文明について知ることでもあります。現在の中国の政治のあり方に嫌悪感を持つ人もいるかもしれませんが、日本に多大なる影響を及ぼしている中国の歴史をひもとくことは、日本人にとっては不可欠だと思います。

『日本の２００年　徳川時代から現代まで』は外国から見た日本の歴史書で、

日本人がこの200年間をどう生き延びてきたのかについて、政治の流れだけではなく、社会や暮らしの変化にも目配りして描かれています。私たちは、幕末や明治維新というと、坂本龍馬や徳川慶喜《よしのぶ》といった歴史の表面に現れてくる一部の有名人しか知らなかったりするのですが、本書には連続して流れている日本の全体像が描かれていて、日本と日本人についてあらためて考えさせられます。同じ日本の歴史書でも違った視点があることを教えてくれて、刺激を与えてくれる一冊です。

進化生物学者でカリフォルニア大学ロサンゼルス校のジャレド・ダイアモンド教授が書いた『銃・病原菌・鉄　1万3000年にわたる人類史の謎』もまた、私たちの目を開いてくれる一冊です。なぜ、ユーラシア文明が南北アメリカ文明を征服したのか？　はるか昔、同じような条件でスタートしたはずの人間が、今では一部の人種が圧倒的優位を誇っているのはなぜか？　本書は、そんな人類史の壮大な謎を、最後の氷河期が終わった1万3000年前からの人類史をひもときながら、分子生物学や言語学などの最新の知見を駆使して説き明かしてくれます。大陸が東西に広がっていたことや、家畜にできる適当な動物がいた幸運が影響していることを教えられます。

そして、日本の美意識を理解する上でぜひ読んでほしいのは、世界最古の小説といわれる『源氏物語』です。どんなに栄えていても、どんなに愛しあっているはずの男女でも、そのうちに愛情が冷めていくこともあれば、相手が死んでしまうケースもあります。「栄枯は移る世の姿」ではありませんが、『源氏物語』は、世の中も人生もうつろうものだという無常感を、あれだけの長い物語の中で示しているのだと思います。「林住期」で読むべきは、その「うつろい」という日本の美意識の基本であり、だからこそ、その日その日の美しさや、心のこまやかさというディテールを楽しんで生きていこうという考え方を感得してほしいと思います。たくさんの作家が現代語訳をされていますが、林望さんの丁寧な訳を推薦します。

「林住期」におすすめの本

○『ローマ人の物語』全15巻／塩野七生＝著／新潮社

○『小説十八史略』全6巻／陳舜臣＝著／講談社

○『日本の200年　徳川時代から現代まで』新版上・下

／アンドルー・ゴードン＝著　森谷文昭＝訳／みすず書房

○『銃・病原菌・鉄　1万3000年にわたる人類史の謎』上・下

／ジャレド・ダイアモンド＝著　倉骨彰＝訳／草思社

○『謹訳　源氏物語』全10巻／林望／祥伝社

第3章

健康と長寿を保つ生活習慣

健康法の見極めはエビデンスと時間

高齢化率（65歳以上の老年人口が総人口に占める割合）による分類は、7パーセント以上を「高齢化社会」、14パーセント以上になると「高齢社会」、そして、21パーセント以上になると「超高齢社会」と呼びます。日本が「高齢化社会」になったのは1970年以降で、1994年に14パーセントを突破し、2010年には23パーセントを超えました。つまり、現在は「超高齢社会」ということになります。ちなみに、2050年には37・7パーセントに達すると見込まれています。

２０１８年の日本人の平均寿命は女性が87・32歳、男性が81・25歳で、ともに過去最高を更新しました。また、自立して生活できる年齢を指す健康寿命は、16年時点で女性は74・79歳、男性は72・14歳で、平均寿命とは大きな開きがあります。この差は脳卒中、認知症、骨折などでもたらされています。高齢者が健康で暮らせる長寿社会を実現するための課題は多く、「健康になるなら死んでもいい」という笑い話があるように、健康に対する関心が高くなっています。

なかでもミネラルウォーターやサプリメント、有機農産物をはじめとした食べ物など、これを飲めば（食べれば）健康になれますという飲食への関心は非常に高く、次々と新しい製品が強力に宣伝されています。

また、コレステロールや塩分や糖分の摂取を制限しなさいとか、断食をするとか、納豆がよいとか、いろいろな説がいわれていて、健康や養生に効果があるとされる食べ物にもさまざまな流行や流派があります。

長生きするためには肉を食べるなという人がいる反面、毎日欠かさず食べるお肉が健康の秘訣ですという元気な高齢者も少なくありません。つまり、人それぞれに好みや体質がありますから、一律にこれがいいという食養生や長寿法というものはないということでしょう。でも昔からの知恵は、偏らず、いろいろなものをバランスよく食べるのがいいと教えています。

私は食に限らず、何事にもバランスをとるのが、より健康への王道だと思っています。ひとつの流派に凝り固まってのめり込むのではなく、こういう方法や考え方もあるのだなと納得して、やってみようと思う健康法があれば試してみる。そして、自分に合えば続ければいいし、合わなければすぐにやめることです。いろいろな流派の中からどれを試せばいいのか判断がつかない場合には、その健康法がほんとうに効果があるのかを見分ける有効な手段がふたつあります。ひとつは科学的、臨床的なエビデンス（証拠、根拠）があるかどうか。それから、もうひとつは時間によって磨かれているかどうかです。

効果がなかったり、危険だった方法というのは時間によってスクリーニング

（ふるい分け）されます。ですから、「タバコは百害あって一利なし」「アルコールはほどほどにする」「身体を冷やすな」「よく噛んで食べる」「腹８分目」など、昔から実践されている健康法は効果があることが多く、少なくとも害にはならないと考えていいでしょう。新しいものに飛びつくよりも、昔から続いている健康法に従うのが賢明です。しかし、マスコミでは次々と新しい健康法が紹介されます。これを食べないと、行わないと長生きできないとおどかされると不安になります。

たとえば、「肉を食べていると長生きしない」というのは、私は人を惑わす言葉だと思っています。やはり、健康のためには良質のタンパク質を摂ることが必要です。もちろん、好みにより配分は魚、肉、豆で組み合わせます。脂肪の摂り過ぎはマイナスです。毎日、高脂肪摂取を続けていれば肥満になり、身体に変調をきたします。ニンニクもショウガもタマネギも身体にいいでしょうが、毎日大量に摂る必要はありません。要はバランスよく、ほどほどに摂取することが肝心なのです。

それから、サプリメントは食物をバランスよく摂っていればあまり必要ないと思いますが、食べ物だけでは追いつかない栄養素は補給したほうがいいでしょう。たとえばカルシウムは食べ物だけでは不足しがちで、骨粗鬆症を起こしやすくなります。特に女性は閉経で女性ホルモンが減少すると骨量が急激に減少しますので、吸収を助けるビタミンとともに意識して摂るようにしましょう。

「バランス食べ」が最高の健康法

沖縄の人たちは温暖な気候に恵まれ、男女ともに長寿だといわれてきました。ところが、近年は男性だけがどんどん短命になっていて、２０１５年時点の調査では女性の平均寿命は全国7位ですが、男性は36位にまで下がってしまいました。その理由は、食生活の変化にあるといわれています。

沖縄の人たちの戦前の食生活は、コンブやゴーヤなどの海藻や野菜を多食する健康的な食事でした。味は薄めで、豚肉もよく食べていました。この食生活が長寿の原因といわれ、戦前に育った人たちは総じて長生きですが、戦後になってアメリカ的な食生活で育った世代がどんどん早世しているのです。

沖縄は、ご存じのとおり1945年の終戦から1972年に返還されるまではアメリカ合衆国の施政権下に置かれ、その間、食生活がアメリカ化していました。現在も基地の周辺や市街地には、ステーキやハンバーガーなどを安く食べさせるアメリカ人好みのお店がたくさんあります。男性は基地での労働などで生計を立てる人が多く、女性よりも食生活がアメリカ化してしまって、高脂肪摂取による成人病が多発するようになったのでしょう。逆が長野県です。海なし県で、漬物や塩漬魚を多食する短命県でしたが、減塩運動・食生活改善に取り組んだ結果、女性は日本一、男性は2位という長寿県になりました。

白人の中には、日本人とは比べものにならない超肥満の人がいます。ところが、日本人は超肥満になる前に糖尿病になり、余病を併発し、死に至ります。もともと日本人は、体質的に高脂肪摂取に向いていないという民族特有の体質的特性があるのです。やはり、日本人には和食がいちばんあっているようです。

健康で長生きの秘訣は、野菜、魚、米をまんべんなく、ほどほどに食べることにあります。アメリカのマクガバン報告書（１９６０年代のアメリカ国民１人当たりの医療費は世界一で平均寿命は世界26位。このままではアメリカの経済は破綻するとして、アメリカ上院栄養問題特別委員会が世界から学者を集めて食事と健康を調査して、１９７７年に５０００頁に及ぶ膨大な調査結果を発表した）でも、野菜や穀物を多く食べ、動物性タンパク質を減らす日本的食生活が推奨されています。これを食べれば健康で元気になれるという魔法の食べ物は、まずありません。肉も、野菜も、穀物もほどほどにバランスよく食べ、しっかり運動をして、ほどほどに休養をする。私はこれがいちばんいい健康法と信じています。そして、転んで骨折しないように気をつける。

一汁一菜の精進料理では、やはり体力が落ち、抵抗力が落ちるようです。栄養をバランスよく摂るためには皿数が多いほうがいいので、一汁三菜の食事を心がけましょう。ユネスコ無形文化遺産に指定された和食の献立は、一汁三菜が基本になっています。ご飯でエネルギー源となる炭水化物を、汁もので野菜と水分を、そして、主菜でタンパク質、副菜でその他の栄養素をバランスよく摂ることができる上に、消化や吸収がよくなったり、余分な脂肪や糖分、塩分を排出したりする効果も期待できます。

バラエティに富んだ食材を揃え、まんべんなく栄養が摂れる献立を毎日考えて作るのは大変ですよね。でも、そこはあまり堅苦しく考えないで、自分の身体が欲しがる物を食べればいいのかなと柔らかく考えましょう。そして、たとえば週単位で、栄養に偏りがないかどうかをちょっと気にすればいいと思います。

美味しくても自分の欲望のままにたらふく食べるのは、レッドカードです。年を取れば取るほど基礎代謝は低くなるので、それに相当して摂取カロリーを減らすように自分でコントロールしなければならないことが、最近の医学では明らかにされています。元総理大臣の小泉純一郎さんは、総理を務めていたときには、常に体型と健康を気にして腹7分目を心がけていたと聞いています。
また、１０５歳まで長生きされた聖路加国際病院名誉院長の日野原重明先生は腹6分目を心がけた食生活を続けていたそうです。日野原先生が書かれた本には、70歳では腹8分目、80歳では腹7分目、90歳を越せば腹6分目が健康にいいとあります。日野原先生の毎日の摂取カロリーは、約１３００キロカロリー。食事の内容は、朝はオリーブオイルを大さじ1杯入れた果物ジュースと、牛乳に大豆レシチンを茶さじ3杯入れたもの。昼は１８０ccの牛乳とクッキー2枚。夜はビタミンが豊富な野菜と魚を食べて、糖分の多いご飯は茶碗半分程度と少なめでした。

なかなかそのとおりには実行できなくても、できるだけ時間をかけてよく噛んで食べたり、食事の量を減らしたり、おかずは大皿から取らず、個人めいめいによそっておかわりはしないなど、できることからはじめて、習慣を少しずつ変えましょう。

アメリカのウィスコンシン大学では、1989年から人に近い霊長類であるアカゲザルを使ってカロリー制限の研究を行っています。

20年にわたって行われた研究の結果、糖尿病やガン、心血管疾患の老化関連病による死亡率は、自由摂食グループが50パーセントであったのに対し、摂取カロリーを3割減らしたグループでは20パーセントまで減少したと発表されています。最終結果が出るまでにはまだ時間がかかるようですが、カロリーを制限したほうが加齢と関係の深い病気になりにくいことは定説になりつつあります。

見られている自分を意識して食欲をコントロールする

国民病といわれる糖尿病になる原因は、生活習慣と遺伝的要因があります。糖尿病になりやすい体質は遺伝によって受け継がれ、カロリー・オーバーでなくても糖尿病になりやすいことがわかっています。

平安時代に生きた藤原道長の家系は、糖尿病になりやすかったことが知られています。同時代に右大臣だった藤原実資《さねすけ》の残した日記『小右記《しょうゆうき》』には、道長が昼夜なく水を欲しがり、脱力感にもおそわれ、目の具合がかなり悪くなっていたという糖尿病の症状が記されています。道長本人の日記『御堂《みどう》関白記』にも「二、三尺相去る人の顔も見えず」とあり、糖尿病によって視力が落ち、すぐそばの人の識別さえできない状態になっていたことが記されています。

また、『病が語る日本史』（酒井シヅ著・講談社学術文庫）には、道長の伯父の伊尹《これただ》、長兄の道隆、その子の伊周《これちか》がいずれも糖尿病だったと書かれています。みなさまの家系で、もし糖尿病で亡くなっている人が複数いたら、できるだけ注意するように心がけてください。

日本人は基本的に糖尿病になりやすい体質で、近年は糖尿病人口が急増しています。

欧米人は糖尿病に強い遺伝子を持っているので、日本人とは比べものにならないほどの超肥満になりますが、日本人はそこまで太る前に糖尿病になり、目が悪くなったり、壊疽《えそ》になったり、副次的にたくさんの症状が現れます。コロナに感染した場合も重症化のリスクが大きくなります。

厚生労働省の２０１６年の『国民健康・栄養調査』によれば、糖尿病有病者と可能性を否定できない予備群は、いずれも約1000万人と推計されること が報告されています。糖尿病有病者の割合は12・1パーセントで、男女別にみると、男性が16・3パーセント、女性が9・3パーセントです。また、可能性を否定できない予備群の割合は12・1パーセントで、男女別に見ると、男性12・2パーセント、女性12・1パーセントです。

遺伝的要因による糖尿病は予防は困難ですが、カロリー・オーバーや運動不足が原因の糖尿病は防ぐことができます。だから前述したように少食が大事なのです。食べたい欲望をコントロールし、ほどよく身体を動かして、健康で素敵なスリムをめざす努力をしたいものです。肥満は健康に悪いだけでなく、社会生活でなにかと不利に扱われます。

アメリカのビジネス社会では、「肥満の人は自己管理能力がないから管理職失格」と評価されます。

日本ではアメリカほどではありませんが、ファッションは痩せているほうが着こなしやすく、太っていると鈍感、気がきかない、おしゃれでないといったネガティブな印象を持たれます。人はしばしば外見で相手を判断するものです。すっきり痩せた人は上品と見られます。

政治家にしても、タレントでも、現役の頃は見られている自分を意識して緊張感があるので、姿勢や身だしなみに気を配り、食べる欲望をコントロールします。

ところが、引退すると自分をコントロールする気力がなくなって体型が崩れ、輝きが薄れてしまう人がけっこういます。そういう意味では、どんな人でも人目にさらされる機会を持つということが健康のためには必要です。

年を取った自分の姿は見たくないといわず、全身が映る鏡を見て、少しでも見た目がよくなるように心がけましょう。おしゃれな小物を買って身につけたり、素敵なヘアスタイルにすることは心をときめかせます。メークアップできれいになると、心まで元気になります。

年を取れば取るほど、意識して外出するようにしましょう。引きこもりになってはいけません。外へ出れば人目も気になるし、歩くことで適度な運動にもなるのです。ウイズコロナ時代でも人の少ない所と時間を選んで外出しましょう。

余計な悩みにとらわれない ストレスをため込まない

毎日の食事は、基本的には朝昼晩と決まった時間にとることが体内リズムを保ち、自律神経を安定させるそうです。

早寝早起きが身体にはよくて、夜の8時以降の食事は身体に悪いということは、健康法のいろいろな流儀の人が口を揃えていっています。それでも、私はそれについてもある程度の個人差はあってもいいと思っています。

文化勲章受賞者で、約30年間、『文藝春秋』の表紙画を描いていた日本画家の杉山寧《あつし》さんは、昼間は寝ていて、夜から明け方にかけて作品を描くのが習慣だったそうです。それでも、日本人男性の平均寿命を上回る84歳まで長生きされました。理想とされている規則正しい生活を送るのは望ましいことです。けれど、それ以上に、ストレスをため込まないことです。ストレスをなくすことはできませんが、対処能力を上げることが大事です。悪い出来事が起こったとき、自分を責めて悲観的にとらえる、嫌なことばかりを気にしていいことを見ない、ひとつ失敗したらすべてダメだと思う――そういう心を解放し、できることをした上で、あとはしょうがないとあきらめる。現実と理想をごっちゃにせず、余計な悩みにとらわれないようにすることや、生活の中にリラックス法を取り入れ、ストレッチや入浴などを行うのもひとつの方法です。

精神的なストレスにより心が落ち込むと免疫力が低下し、病気にもかかりやすくなるし、ストレスをため込んでいるとガンなどの重大疾患を引き起こすことにもつながります。意識して笑顔をつくり、背筋をしゃんとしていいことを思い出す。そうした幸福を感じる努力がストレスに打ち勝つ源です。

心と体を鍛えるためには「きょうよう」と「きょういく」

私は高齢者には「きょうよう」と「きょういく」が必要だと信じています。「きょうよう」には、「教養」と「今日、用」の意味があります。そして、「きょういく」は、「教育」と「今日、行く」という意味です。今日、なすべき用があり、出かけて行く先があれば、生活にメリハリがつきます。

社会生活を営む上で、学問などを通して得られる創造性や心の豊かさ、物事に対する理解力といった教養が重要なことはいうまでもありませんが、高齢者にとっては、しなくてはならない用事や、出かけていく場所があることはとても大事なことです。郵便局や銀行、夕飯のためのスーパーへの買い物でもかまいません。とにかく出かける用事をつくる。前述したように、出かけると多くの人の目にさらされてほどよい緊張感もあるし、足も使います。

今日することのない人や、行く所のない人たちは、目が覚めても、サッと布団から起き出さずに二度寝をしてしまい、気がつけばお昼近くということにもなりかねません。そうなると生活のメリハリがきかなくなり、一日のスタートがきれません。そのまま家の中でゴロゴロのんびりとテレビを見て過ごし、いつしかそんな生活が習慣となって体力が低下して、ついには引きこもりになるという悪循環に陥るおそれがあります。特に高齢者は筋肉などが衰えやすく、気づいたときには身体を動かせなくなり、ロコモーション機能が衰えて「寝たきり」になるケースもあります。コロナ感染予防のための「巣ごもり」が健康にどんなに悪いか、多くの人が実感しました。

過度の安静や活動の低下が原因となり、気がついたときには、「起きられない」

「歩くことができない」などの退行性の変化は「廃用症候群」と呼ばれています。健康人であっても、使わないと筋肉の萎縮や関節の拘縮は意外と速く進行し、1週間で10パーセントから15パーセントの筋力低下が起こるといわれています。また、高齢者では2週間の安静で、下肢の筋肉が2割も萎縮するともいわれています。コロナが心配でも、人の多い場所をさけて散歩を行いましょう。そして、日頃からスクワットなどで下肢の筋肉を鍛え、骨を丈夫にし、ストレッチで関節を柔らげるなどして、きちんと自分で歩けるロコモーション機能を保ちましょう。自分で動ける機能の維持は、寝たきり防止の大きな鍵です。

筋肉量が低下すると基礎代謝が低くなり、太りやすくなります。逆に筋肉量が増えれば消費エネルギー量も多くなり、寝ているときでもカロリー消費が高くなります。そういう身体をつくるという意味では、ダンベル体操はおすすめです。高価なダンベルを買う必要はありません。水の入ったペットボトルでも、古い本でもいいと思います。あるいは食材などが入った買い物袋を両手にぶら下げているだけでも負荷がかかり、腕の筋肉が鍛えられます。

買い物は1週間分をまとめて車で買い出しに行くとか、特別大安売りの日に大量に買って、冷凍庫に入れておくという、家族が多かった時期の習慣を持つ方も少なくないと思います。現役時代は家事時間を効率化するためにそういう必要がありましたが、高齢期の買い物はできるだけ毎日、歩いて行ったほうがいいと私は思っています。そうすることで腕と足腰の筋肉が鍛えられます。安い買い物ができて得をしたと思っていても、冷凍庫にしまい込んだまま忘れてしまい、気がついたら半年も1年もたっていて、かえって高くつくなんてことになります。少量でもたびたび買い物に行きましょう。自分で使えるお金を持ち、自分で判断して買うものを選び、メニューを考え、調理するのはなによりの老活です。

“ベター・ザン・ナッシング”思考で気楽に実践

老い支度といっても抽象的で、いったいなにをしたらいいのか、その理解も個人個人でまちまちだと思います。ひと昔前まで高齢者は食事は軽く、体に無理なことはしない、他人に迷惑をかけないよう人づきあいを減らしていきましょうとアドバイスされてきました。近年、それは老化を加速させるとわかってきました。

老い支度を定義するとしたら、老い・病・死への支度といえると思いますが、私は健康であり続けることが最高の老い支度になると考えて、近づいてくる老いを緩和する対策を実践しています。それは何度も繰り返しますが、バランスのとれた食事と、ほどよい運動と積極的な生活態度です。

私の公務員生活の後半は、公用車が自宅まで迎えに来てくれて、職場まで送ってもらっていました。今は家から昭和女子大学まで、できるだけスニーカー通勤をするようにしています。距離にして2キロメートルあまり、所要時間は35～36分です。理事長に専用車がついていないのは財政的に苦しい大学だと思われるからやめてくれと心配する人もいますが、歩いて通勤する最大の目的は健康のためです。排気ガスが出ないので地球環境にも優しく、学生の保護者が納めてくださったお金を無駄にせず、いいことずくめです。帰りはいろいろと寄る所があるので、まっすぐ歩いて帰ることは少ないのですが、その場合もできるだけ地下鉄に乗るようにして、階段を上り下りするようにしています。

そして、もうひとつ意識しているのが「呼吸」です。

ふだん、私たちは無意識に呼吸をしていますが、禅やヨガ、太極拳など、いろいろな健康法に共通しているのは深い呼吸です。人間の生命活動でもっとも重要なことは、いうまでもなく呼吸することです。ところが、ふだんの私たちの生活で健康にいいとされる深呼吸をする機会は少なく、浅い呼吸で過ごしがちです。ですから、意識して深呼吸することを習慣化することが大事だと思います。そのためには時間をかけて息を吐ききる。すると、深く息を吸い込むことができます。

私の場合は、通勤途中に開かずの踏切があっていつもいらいらさせられていたのですが、逆にいい機会だと発想をかえて、待つ間に深呼吸するようにしました。

また、エレベーターや赤信号を待っているときなどにも、深呼吸するようにしています。このように深呼吸する機会はいくらでも見つかりますし、たとえば、「赤信号　深い息する　チャンスかな」と頭に入れておくと習慣化できます。できれば空気がきれいな所で深呼吸したいところですが、それではなかなかできません。ベストでなくベターでいいと心がけましょう。

運動が健康にいいとわかっていても、毎日、何時に何分間、体操をしましょうというとおっくうになりがちですが、偶然の機会を利用して深い息をするというのは手軽ですし、いらいらの解消にもなって心身ともに健康になれるのでおすすめです。

歩くのも毎日、何時間というふうに決めなくても、歩いて買い物に行き、買い物袋はダンベルだと思って両手に下げて帰ってくる。そうするだけで、いい運動になります。たとえ3分だろうと、5分だろうと、歩かないよりは健康のためにはいいのです。

「毎日できないんだったら、やってもしょうがない」「15分連続して歩かないと脂肪は燃焼しない」とオール・オア・ナッシング思考に陥るのではなく、気づいたときにやりましょうというように、ベター・ザン・ナッシング（ゼロよりマシ）思考で気楽に実践するのが長続きのコツです。

車がなければ生活できない地域に住んでいる方でも、歩ける距離に用がある場合には、意識して歩くように努力しましょう。

女優の森光子さんは、80歳を過ぎても、舞台で演じるために毎晩のスクワットを欠かさなかったといいます。

また、80歳でエベレストに登頂した三浦雄一郎さんは、毎日、足に錘《おもり》をつけて生活し、脚力を鍛えたと聞きます。私たちも、少しの努力を積み上げていきましょう。

ガンの予防にも、認知症の予防にもいろいろな対策が提案されていますが、軽い運動はどんな面からも科学的に効果が証明されているそうです。

そして、いちばんの健康法は積極的な生活態度と、明るい気の持ちようです。過去の栄光や失敗にとらわれず、今現在を感謝して生きることが最大の健康法です。さあ、笑いましょう。上機嫌であるよう努めましょう。

第 4 章

暮らしを支える老活の実践術

老後の生活資金は分散して守る

高齢期の経済状態は、個人差が大で、「格差」が大きくなります。

定年退職後の所得を保障するものとして、まず考えられるのは公的年金です。サラリーマンの場合は、国民共通の老齢基礎年金に加えて、会社と従業員が折半で積み立てている厚生年金、そして、企業が独自に行う企業年金があります。

さらに、これらに上乗せする自助努力の手段として、個人年金があります。日本の厚生年金は現役勤労者所得の6割程度に設計されています。

2020年度の厚生年金の支給額（夫婦二人分の老齢基礎年金を含む標準的

な世帯の月額）は、22万7２４円です。一方、個人事業主で国民年金だけに加入してきた人であれば、受給額は最高でも月額６万５１４１円です。一方、総務省統計局の資料によると、二人以上の世帯と単身世帯を合わせた総世帯の２０２０年１〜3月期平均の１世帯あたりのひと月の支出は23万７０７０円となっています。

つまり、平均的退職サラリーマン世帯であればひと月に約１万７千円ほど足りませんが、一年に20万円ほど貯蓄を取り崩せば厚生年金だけでなんとか生活できる計算になります。一方、個人事業主の場合は公的年金だけでは生活できないので、できるだけ長く事業を続けることと、資産や貯蓄を切り崩すことによってカバーすることになります。

こうした実態から、会社員や公務員だった人たちは退職金や公的年金があるから大丈夫と考えがちですが、それだけに全面的に頼るのは間違いで危険です。必要最低限の備えと思いましょう。１９９０年代から２０１3年頃までのようにデフレ経済が続けば、それで十分やっていけますが、この先2パーセントどころではないハイパーインフレになるかもしれません。そういう場合こそ、物価の変動によって支給額がスライドしていく公的年金は頼りになるのですが、ゆとりある生活を保持するための生活費として貯金しておいた定期預金や現金は、価値が下がってしまいます。一方、株や土地のような資産は価格があがります。

2001年から12年まではデフレ経済が続き、現金は定期預金にしておくのがいちばん賢い対応策でした。しかし、ウイズコロナ時代、アフターコロナ時代の経済状況がどうなるのか誰にも予測がつきません。

そんな不透明な時代における防衛策は、資産の危険分散です。昔から資産はそれぞれ3分の1を株や投資信託、3分の1を不動産、そして、残りは預金にしておくのがいいといわれます。また、最近は「金」を保有するのも賢明な選択のひとつだといわれるようになりました。株などに投資をして儲けている人もいます。頭の体操にもなり、世の中とつながる手段になりますが、誰でもが上手くいくものではありません。株式投資の専門的な知識を持ち合わせていたり、特殊な才能がある人は別ですが、普通の人が金融資産の多くを株につぎ込むべきではありません。勉強不足で目減りする場合もありますので、投資額の上限を決めて、その範囲で運用するようにしましょう。短期の売り買いをしない長期保有を原則として、成長する分野の株を選ぶのが一般向けではないでしょうか。日経平均に連動するＥＴＦも一般向けです。

自分の能力を過信しない。大儲けしようとは思わない。その上で、他人に頼りきらず、自分で考えて工夫する姿勢を続けましょう。

騙されないために気をつけること

老後のマネープランでいちばん注意しなければならないのは、騙されないことです。怪しい儲け話の勧誘だとか、振り込め詐欺（特殊詐欺）、それからリフォーム詐欺や催眠商法など、高齢者を狙った詐欺は枚挙に暇《いとま》がありません。

詐欺被害の一部は認知症のお年寄りですが、それ以外の方でも判断するための情報が少ないために犯罪被害にあっているケースが多くあります。特に都市部においては人間関係が希薄な地域社会が多く、それが犯罪者にとって狙いやすい環境になっているのです。

騙される高齢者には、「無防備」「無関心」「孤独」という共通した特徴があります。そして、「私は詐欺には引っかからない」と思っている高齢者が非現実的な儲け話にころりと騙されたり、振り込め詐欺に引っかかるケースが多くなっています。また、騙された人は繰り返し詐欺被害にあうケースが少なくありません。騙されやすい人というのは、他人は善意で、社会は平和で安全だと信じ込んでいて、緊張感に欠けているところがあります。詐欺師たちは綿密な下調べをした上で、手を替え品を替えて、お金をだまし取るのです。

将来が不安だから、手持ちの資産が少しでも増えるといいなと誰もが考えていると思います。そこにつけ込むのが投資勧誘型の詐欺で、手口としてはファンド型投資商品や社債、未公開株などがあります。ファンド型投資商品は、複数の出資者から資金を募り、その資金を元手にした事業投資を行って得られた収益を出資者に分配するとして、実態のない権利を販売する手口です。社債や未公開株は、「決して潰れない」「銀行に預けるよりも利率が高い」とか、「上場すれば株価が倍になる」などと購入を勧誘してきますが、そんなうまい話は絶対にありません。もしも調子のいい儲け話の勧誘があった場合は、子供か信頼できる知り合いに必ず相談するようにしましょう。いざというときに、そうした相談ができる相手がいるかどうか、日頃から周囲を見回しておくことは必要です。ひとりだけでなく、できれば複数の相談相手がいるといいですね。

振り込め詐欺も、銀行や交番などに注意を促すポスターをあれだけ掲出しているにもかかわらず、騙される高齢者が後を絶ちません。

最近では振り込みだけでなく、複数の人間が弁護士、警察官、被害者などの役割を演じる劇場型の巧妙な手口もあり、子供や孫の知りあいになりすました仲間が自宅に現金を取りにくるケースも増えています。「浜の真砂は尽きるとも世に盗人の種は尽きまじ」で、詐欺の手口は毎年のように変化し、騙される高齢者は増え続けているのが現状です。加齢とともに体力が衰えるのと同じように、判断力は鈍りがちです。「自分は大丈夫」と過信しないで、「もしかすると、これは詐欺かも」と疑ってかかる習慣をつけるようにしてください。そして、怪しい電話がかかってきても、あわてないことです。電話の相手が子供や孫だと名乗っても、ほんとうに本人なのか、自分たちしかわからないような質問を繰り返して、確認してください。

あわててお金を用意する前に、事件の渦中に巻き込まれているという子供や孫と必ず連絡を取るようにしましょう。「特殊詐欺」のいちばんの予防策は、子供の一大事と動転せずにことの真相を見極める質問力と、日頃から子供とコミュニケーションを取ることです。

コミュニケーションが大事
交流が被害を防ぐ

日本人はアメリカ人と比べると、同居していない子供との交流が少なすぎるようです。アメリカの人たちは同居していなくても、毎日のように電話をかけたり、近くに住んでいれば、週に一度は夕食を一緒にするとか、いろいろな形で親子が交流しています。

ところが、日本人は、いったん別居すると交流が途絶えてしまうことが多いようです。私も人のことはいえませんが、子供たちも忙しいんだからあまり煩わせてはいけないとか、用もないのに電話をかけると悪いという遠慮があり、つい娘たちとは疎遠になりがちです。でも、最近では自分から電話をかけて、用がなくてもおしゃべりをするということをもっと心がけるようにしています。子供の側からは、なかなかかかってきません。親から子供への長電話は迷惑ですが、3〜5分程度ならいいはずです。「あなたの声を聞くだけでうれしいから電話をかけたのよ」と、親の側から働きかけることで、「母さん助けて詐欺」の予防になったり、おしゃべりをすることでボケ防止にもなるし、子供からしてみたら親の遠距離見守りになるのです。

家の中に引きこもり、1週間、誰とも話をしない、誰からも電話がかかってこないというような生活を続けていると、誰でもだんだんボケてきます。また、そのような独居無言の生活を送っている高齢者を専門に狙う人物にも騙されやすくなります。詐欺被害にあったお年寄りは、犯人のことを「親切に話を聞いてくれた」「親身になって相談に乗ってくれた」というように話していることが多く、独居老人が孤独であるところに犯罪者がつけ込んでいることがわかります。

独り暮らしの老人の寂しい気持ちにつけいり、話し相手になって信用させてから、現金を騙し取る代表的な手口には訪問販売詐欺とリフォーム詐欺があります。訪問販売で被害が多いのは、羽毛布団や浄水器、空気清浄機、消火器、健康食品などです。それらの商材を通常の何倍もの値段で販売するのですが、これは合意の上でお金を支払うので、詐欺と立証するのが難しいとされています。最近、被害相談が多いのは健康食品だそうです。コラーゲンやローヤルゼリー、膝痛に効果があるというグルコサミンといったサプリメントの類いが、「これは特別だから、ふつうに市販されている商品とはモノが違うんです」というふれこみで、高額で販売されている例がありました。これは、高いから効き目があるに違いないという心理を逆手に取った商法です。高いからいいものに違いないと、つい相手の話を鵜呑みにしがちですが、高額なものに対しては疑いましょう。第3章でもふれたとおり、健康維持の増進に必ず効くサプリメントはほとんどありません。それよりバランスのとれた食生活と運動です。たとえ契約したり、商品を購入したとしても、一定の期間内であれば解約できるし、返品が可能なクーリングオフという制度があります。

リフォーム詐欺というのは、たとえば屋根の無料点検などを口実に勧誘し、点検をした後に、修理が必要だと説得して高額なリフォーム工事を契約させるといった手口です。通常の何倍もの工事費を騙し取るケースもあれば、材料費などの名目で現金を騙し取り、実際にはリフォーム工事などを施行しないケースもあるようです。

それから、引きこもりの独居老人だけでなく、出歩く高齢者を狙った催眠商法もありますから気をつけてください。これは、街頭で日用品や食料品などの無料引換券を配ったり、チラシやくじ引きなどで高齢者を会場に誘い込み、高額な商品を買わせる詐欺商法です。会場へ足を運ぶと、たしかに無料で景品はもらえます。ところが、悪徳業者は巧みな話術で会場の雰囲気を盛り上げ、手を挙げさせながら、その他の商品も次々に格安と称して販売するのです。そうやって集まったお年寄りたちを興奮させ、買わなくては損だという催眠状態をつくりだしてから、最後には羽毛布団や健康器具といった商品を高額で契約させます。また、みんなこれは「トク」だと信じ込んでいると不用心になってしまいます。

人間にはいい人も多いが、悪い人もいるのだとしっかり認識しておきましょう。知らない人からすすめられた商品は、すべて一度は疑ってかかるようにしたほうが賢明です。買い物は人にすすめられてするのではなく、自分の判断でするのが鉄則です。

心豊かに暮らすお金の活かし方

高齢者はお金を増やしたり儲けることより、賢くお金を**つかう**ことが大事です。騙されないことと同様に、生活スタイルを質実で健康的なものにして、無駄づかいをせず、お金を活かしてつかう工夫を心がけましょう。

高齢者にとって私がいちばん必要ないと思うのはマイカーです。自動車がなければ生活がままならないという地方に住んでいらっしゃる方は別ですが、大都市に住んでいる人は公共交通機関を利用することをおすすめします。バスや鉄道を利用しましょう。そして、近所へ出かけるときは、できるだけ歩いて行くか、自転車を利用する。どうしても自動車が必要なときは、タクシーを利用するといいと思います。また、最近ではシェアカーとして何人かで相乗りするシステムもはじまっています。

マイカーは維持費がかさむ上に、いちばん怖い交通事故があります。70歳以上のドライバーは、運転免許の更新の条件も厳しくなります。交通安全意識の浸透や自動車の安全性能の向上などにより、交通事故による死者数は年々減少傾向にありますが、65歳以上の高齢ドライバーによる死亡事故は年々高くなっています。交通事故を起こしては晩節を汚します。その主な原因としては、アクセルとブレーキの踏み間違いなどの「運転操作不適」や、相手の車が止まってくれるだろうとか、歩行者は飛び出してこないだろうといった「漫然運転」や「安全不確認」が挙げられます。また、警察の協力を得て国土交通省と高速道路会社が作成したデータ（平成23〜平成28年）によれば、75歳以上の人は免許保有者の6パーセントであるのに対し、重大事故につながる高速道路で逆走した運転者の45パーセントとなっています。加齢とともに運動能力や身体機能は低下します。マイカーがなくても暮らせる地域に住んでいる方は、経済面からだけではなく、交通事故の増加に歯止めをかける目的からも、ある年齢で区切りをつけて、運転免許証を自主返納することを強くすすめます。

旅行をするときは、たとえば男性は65歳以上、女性は60歳以上で入会できるJRグループ各社の「ジパング倶楽部」に入れば割引きっぷが購入できます。宿泊も公共系の安価な宿の利用ができます。映画を観る場合には60歳以上が対象の「シニア割引」や、夫婦どちらかの年齢が50歳以上なら利用できる「夫婦50割引」があります。博物館も割引があります。それから無料で利用できる公共の図書館や市民講座もたくさんあります。このように、無駄なお金をつかわなくても心豊かに生きるすべや、安いお金で人生を楽しむ手段はたくさんあります。高齢期になったら「老後に備えて」貯蓄するより、お金は賢くスマートなつかい方をしたいものです。

高齢期は外食より自炊を心がけましょう。どんな高級な材料を使っても、自炊すれば安くつきます。面倒なときは、スーパーでお惣菜を買ってもよいのですが、家で食事を楽しみましょう。

また、路傍の苔を観察したり、庭先などに自生している苔を鉢上げして苔盆栽を作ってみても楽しいかもしれません。お金をつかわなくても楽しめることや面白いことはいっぱいありますし、趣味や娯楽は、与えられるより自分で見つけるほうがより多くの楽しみが得られるものです。

質素で健康的な暮らしは人生を豊かにするだけでなく、実は最大のファイナンシャル計画にもなるのです。

世代を超えた交流
オペアガールという試み

欧米ではオペアガール（au pair girl）という制度があります。

オペアというのは、外国に留学している女子（まれに男子もいます）がホストファミリーの家に住み込み、家事や子供や高齢者の世話を決められた時間だけ手伝うかわりに部屋（場合によっては部屋と食事）を提供してもらい、学校に通うシステムです。留学生は家賃がかからず、良心的な家庭に当たると食事までもらえます。共働きの夫婦や高齢期の受け入れ側にしてみてもオペアガールは住み込みのベビーシッターやヘルパーにもなるので、双方にとって多くの利点があるようです。残念ながら、日本にはそういう制度がありません。これはひとつの提案ですが、持ち家で暮らしている「林住期」や「遊行期」のご夫婦で、子供が独立して部屋が空いているとしたら、日本人の学生を下宿させてみてはいかがでしょうか。近年は、縁もゆかりもない他人を住まわせるのは嫌だと思う人が多くなりましたが、東京も昭和時代はたくさんの間借りがありました。私も勤めはじめたばかりの頃は、間借りしていました。当時、6畳間の相場は8千円ほどでしたが、その物件は70代の老夫婦が住んでいた築30〜40年の木造家屋で、「古いから、6千円でいいですよ」といってくださり、安く住まわせてもらいました。残業して夜遅く帰っても、大家さんが近くにいてくださるだけで安心感がありましたし、向こうも私が暮らしていることで世事に通じるとおっしゃってくれました。

欧米のオペアガールのように家族の一員として迎え入れるのは大変でも、一部屋を提供し、お互いのプライバシーは守りつつ、ほどよい距離感で交流することは可能ではないでしょうか。部屋を提供する側は家賃を安くするかわりに、離れて暮らす家族にかわって入居者に見守りをしてもらうのです。どういう条件にするのかがひとつの課題ではありますが、貸す側にしても見守り以外に少額でも毎月の家賃収入が見込めますし、お互いにメリットがあるのではないでしょうか。

私が務めている昭和女子大学は世田谷区太子堂にありますが、周辺のワンルームマンションの相場は8万円前後です。それに水道光熱費、通信費などを入れると10万円近くになります。どこかの高齢者が空いている6畳間を3万円ぐらいで貸してくだされば、ずいぶんと学生たちは助かります。近い将来、昭和女子大学の学生を下宿させてくださる近隣の高齢者の方を募集しようかと本気で考えているところです。

高齢者の方は、若い学生の生活ぶりに、「なんだあれは、行儀が悪い」と腹が立つかもしれません。でも、そこは、「こうするとよいよ」と教えてあげて、お互いにもっとコミュニケーションをとらなければ、生活の知恵は次の世代に伝わりません。親だけに次世代の育成責任を押しつけて、「最近の親はしつけがなっとらん」と嘆くのではなく、社会全体で次の世代を育てていきましょう。

これからの時代は、世代を超えた交流がとても大事になってきます。少子高齢化の問題が深刻化しつつある日本にも、血縁でない若い人と同居するオペアガールのような制度が実現するといいと思います。

資産のつかい時
考え方と選び方

できるだけ他人に迷惑をかけず、自分の始末は、自分でつけたい。多くの人がそう望んでいると思います。でも、いくらそう思っていても、不慮の事故や病気などの不運に見舞われることもあります。

私が第二の人生を歩みはじめる「林住期」のこうあってほしい姿として思い描いているイメージは、60歳頃から80歳までは世の中に役立つ活動ということを主たる目的として、少し収入も得ながら社会的な活動をすることです。そのために、バランスのいい食事と適度な運動を心がけ、錆《さ》びることのない頭と身体を維持する努力をします。そして、その期間が76歳、77歳と少しでも延びて80歳まで続けられることが理想です。「林住期」というのは、人生を4つのステージに分けて考えるインドの思想で3番目に迎える時期のことで、現在の年齢でいえば60歳から80歳頃までになります。そして、それ以降は自由の身として悠々自適に人生を楽しんで暮らす「遊行期」になります。

しかし、いくら健康管理をしていたとしても、病気や事故で自立の能力がそこなわれることがあるかもしれません。自分の好きなことや、やりたいことができる「遊行期」を楽しめず、誰かの介護が必要な身体になることも十分あり得ます。そうなったときは、失ったものを数えず、今、自分はなにができるかを考えるしかありません。自分が生きていること、存在していることが、ほんの少しでも人の心の支えになっていると思いましょう。死ぬまで自分のことは自分でするという強い意思を持っていたとしても、介護を要する状態になったら、誰かの支援がなければ日常生活が営めません。そのときは、人生の新たなステージに入ったのだと覚悟しましょう。

私は、「自分の願う通りでないから人生はおもしろい」、そう達観して、自分でできることを考えたいと思っています。

ある高齢女性は90歳まで独居していましたが60代半ばの娘さんと同居して10年間で亡くなりましたが、「ありがとう」「よくしてもらって」と感謝はしても、グチや悪口は一切いわなかった。そんな実例を聞いて、感動しました。

現実には要介護や要支援状態になった場合、どこで生活するかという問題があります。状態が軽微であれば、介護福祉士やホームヘルパーに訪問してもらったり、デイサービス（施設に通って専門スタッフによる介護や食事、入浴などの介助を受ける通所介護）を利用して、家族と一緒に自宅で生活することができます。家族や子供と暮らすのではなく、ひとり暮らしで支援が必要になる場合は、自宅ではなく住宅型有料老人ホームやサービス付き高齢者向け住宅に入居することを選択し、外部の介護サービスを利用することが必要です。介護保険適用の在宅介護サービスは、介護度の違いによって1カ月あたりに利用できる上限が決まっていますが、限度内であれば65歳以上の方は1割（一定以上の所得のある場合は2割、特に所得の高い場合は3割）の自己負担で利用できます。上限を超えてサービスを利用した場合は、超えた分の全額（10割）が自己負担となります。

それまで蓄えていた資産は、そうした状況になったときにこそつかうべきです。まさに資産を活かすのは今と考えて、サービスを買いましょう。しかし、サービスは質も価格もさまざまですから、賢く選ぶようにしなければなりません。そのときは、専門家にアドバイスを求めましょう。

終の棲家の選択肢
老後の住まいの選び方

家族が介護する在宅介護が必ずしもベストとは限りません。子供より専門職の人に世話されたいという人が少しずつ増えてきました。

つれあいに先立たれた私の叔母は、自分たちの家には思い出が詰まっているから死ぬまでそこで暮らしたいといっていました。しかし、そのときには90歳という高齢になっていて、そのままひとり暮らしを続けさせることには不安がありました。そこで、気がすすまない叔母を説得し、有料老人ホームに入ってもらうことにしました。最初にお試し入居したところは嫌だといってすぐに出てきましたが、次に入った施設は気に入ってくれて落ち着くことができました。その施設では花見やお祭りなどいろいろなイベントがあったり、栄養バランスの整った食事を提供してくれたり、病院にも付き添ってくださり、プロの介護付き専門施設はひとりで自分の家にいる在宅よりもいいと実感したようです。最近は、私の叔母のように、家族より専門のスキルを持った方に介護してもらったほうが快適だという高齢者も増えています。

介護施設を利用する場合、その種類は多く、それぞれの施設のサービス内容や入居にかかる費用もさまざまです。介護施設探しは必要に迫られてからあわてて探しはじめるのではなく、まずはそれぞれの施設の特徴を理解し、元気なうちから予備知識を持つことが大事です。友人や知人が施設に入ったら、お見舞いもかねて実際に足を運んで比較検討することも準備になります。

現実に入居する前には、必ずお試し入居をしてから決めるようにしましょう。見学に行ったとき、施設長とは面談できますが、介護事業者や入居者の全員とは会えないこともありますし、夜の雰囲気も宿泊してみなければわかりません。いざ入居してみたら、気に入らないということもあり得ます。お試し入居を拒むような施設は、はじめから避けたほうがいいでしょう。

老後の住まいの選び方の基本は、まず、目的や条件などを明確にすることです。たとえば自宅から住み替えて終《つい》の棲家《すみか》にするのか、それとも自宅をキープしたまま一時的な住まいにするのか、また、どのような機能を望むかによっても選び方が違ってきます。

たとえば、まだ足腰はしっかりしていて自立した生活はできるものの、家事から解放されて、いろいろな活動をしたいのか。体力が落ちてきて、いざというときに手厚い介護をしてもらいたいのか。病気の際には、しっかりとした提携病院があるのか。そのような要望の違いにより、ふさわしい施設は異なります。

次に重要なのが、予算です。多くの人が、入居一時金がいらず、月々の利用料も安いことから公的な特別養護老人ホームや介護老人保健施設を希望するのですが、公的な施設は入居希望者に比べて圧倒的に定員が少ないため、多数の待機老人がいて、順番待ちの長い列に並ぶことになります。そのため、今は、有料老人ホームやサービス付き高齢者向け住宅といった民間の施設が、公的施設に入居できなかった人たちの受け皿になっています。

有料老人ホームと聞くと、多額の入居一時金が必要で、月額利用料も高額と思われがちですが、近年では手頃な価格で利用できる施設も増えてきています。ホテル暮らしのような贅沢さを求めなければ、厚生年金で月々支払えるような価格で終身介護に対応する有料老人ホームもあります。また、有料老人ホームには、介護付き・バリアフリーの住宅型、アクティビティ重視の健康型など種類が多く、要介護の度合いや健康状態など、ニーズに合わせた選択肢の幅も広がっています。

介護付き有料老人ホームは、介護保険法に基づいて生活介護の指定を受けた施設で、介護職員が24時間常駐していて、重度の認知症であっても対応できる施設が多く、介護費用も介護度にあわせて定額です。ただし、担当する介護事業者が気に入らない場合でも変更できないというデメリットがあります。どうしても気に入らない場合は問題を生じます。

住宅型有料老人ホームは、外部の介護サービスを利用する施設で、介護を受けるときには複数の介護サービス事業者から選択できるというメリットがあります。ただし、要介護度が高くなると、利用限度を超えて介護費用が高くなるというデメリットがあります。そして、健康型有料老人ホームは、自立者限定の施設で、要介護になると退去移転しなくてはなりません。

どのタイプの有料老人ホームに入居するにしても、わかりにくいのが入居金の償却の仕組みや料金体系です。基本的には3つに大別できます。ひとつは、マンションを買うように所有権を買い、相続や売買ができるものです。もうひとつは、入居時にまとまった年数の家賃分を一括で前払いし、月額使用料は管理費や光熱費のみを支払う「入居金方式」です。そして、もうひとつは、入居金は支払わずに、毎月、家賃や管理費、光熱費などを支払う「月払い方式」です。この場合は、当然、入居金方式に比べれば、毎月の支払い金額は高くなります。

トラブルを避ける意味でも理解しておきたいのは、入居金の返金の仕組みです。トラブルの多くは、老人ホーム業界独自の「初期償却」という商慣行に起因しています。これは減価償却とは異なるもので、入居の際にホーム側が売り上げとして回収する取り分で、返金の対象にはなりません。たとえば入居金が500万円で、初期償却率が30パーセント、そして、5年間均等償却という場合には、入居時にホーム側が150万円を頭取りして、残りの350万円を5年かけて均等に売り上げとして計上していくことになります。つまり、返金の対象となる金額は1年後は280万円、2年後は210万円、3年後には140万円、4年後には70万円、そして、5年後には0円という計算になります。

初期償却率と償却期間は、有料老人ホームのタイプによっても異なります。平均は、健康型が初期償却率が15パーセント前後で、償却期間が15～20年。介護型が30パーセント前後で、5～7年です。2015年4月以降は、老人福祉法の改正によって、各有料老人ホームは初期償却率と償却期間の設定について、より厳密な根拠が求められることになりましたが、この平均値がひとつの目安になります。たとえば見学したときにどんなに印象がよくても、初期償却率が40パーセント以上だったり、償却期間が5年未満だったりするような施設は良心的な経営とはいえません。

高齢者向けの施設や住宅は、有料老人ホームやサービス付き高齢者向け住宅以外にもたくさんの種類があり、それぞれに長所と短所があります。また、民間のホームについての情報サービスもあります。気に入った施設が見つかれば、複数回足を運び、契約内容を確認して、慎重に選ぶようにしましょう。できれば自分だけでなく、子供や親族にも同行してもらい、複数の目でチェックするようにしましょう。

サービス付き高齢者向け住宅の選び方

平成23年に改正された高齢者住宅制度によって、サービス付き高齢者向け住宅（サ高住）と呼ばれる賃貸住宅の戸数が増えてきています。

サ高住は、「日常生活や介護に不安を抱く高齢者が、住み慣れた地域で安心して暮らせるように」という地域包括ケアシステムの象徴として設置されているバリアフリーの賃貸住宅で、「24時間地域巡回型訪問サービス」などの介護サービスを組み合わせられるため、介護が必要な高齢者でも安心して入居できます。

居室面積は25㎡以上で、キッチンやトイレ、浴室、洗面所、収納を備え付けることが義務づけられているため、のんびり安心して生活することができます。有料老人ホームよりも生活の自由度が高く、賃貸借契約となるため、入居金は必要なく、その代わりに礼金・敷金（０～百万円）がかかります。月額利用料も10～30万円ほどですが、介護費用は使ったサービスに応じて費用を払う従量制なので、要介護度が高くなると利用限度額を超えて高額になるデメリットがありますので、体力は落ちたがまだ自立して生活できる人に向いています。

有料老人ホームのような介護施設とサ高住のどちらが老後の住まいにふさわしいのかは、本人の介護度によりますが、サ高住で不自由なく暮らしていても、加齢によって重度の認知症になる場合もあります。その場合、安全対策の面からいって、サ高住に住み続けるのは難しいでしょう。また、急増しているサ高住は、「粗製乱造」や「玉石混交」という指摘も少なくありません。物件選びや、入居後のサービス選びは、くれぐれも慎重に検討するようにしましょう。

物件探しは、病院のケースワーカーや地域のケアマネージャーに紹介してもらったり、紹介会社を通じて探すという方法もあります。

サ高住であれば、「サービス付き高齢者向け住宅情報提供システム」(https://www.satsuki-jutaku.jp/) で、全国の登録済みの物件情報を検索することができます。

また、都道府県の「介護サービス情報公表システム」(https://www.kaigokensaku.whlw.go.jp/) では、全国にある介護事業所の概要、特色、運営状況、職員数、料金などの情報が閲覧できますから、参考にしてみてください。

第 5 章

「老活」から「終活」へ

高齢者のたしなみ「終活」はいつからはじめる？

自分がいつ、どこで、どう逝くのかは誰にもわかりません。

病気、事故、震災……明日、自分の身の上になにが起きるのかは誰にも予想がつかないのです。「生き方」は自分の意思で決められても、「逝き方」はどうすることもできない。それが現実です。しかし、人生の最終章をよりよいものにするための生き方や、亡くなった後のことを生前に決めておく「終活（人生の終わりのための活動）」は、これからの高齢者のたしなみでしょう。

たとえば葬儀の内容やお墓のことを事前に決めておいたり、残された者が財産の相続を円滑にすすめられる遺言はぜひ準備しましょう。また、人生の終末期に自身に生じる万一のことに備えて自分の意思や希望をエンディングノートに書き留めて、自分の心を終末に向けて整えていきましょう。

では、「終活」はいつ頃からはじめればいいのでしょうか。65歳から高齢期といっても、まだまだ先のことだから大丈夫、そう漠然と考えている人が多いのではないでしょうか。しかし、自分の身体の具合が悪くなったり、なにかがあったときが重要な節目です。やはり、自分の頭がしっかりしているうちに、自分の始末はしなくてはいけません。また、古稀（数え年70歳）や喜寿（数え年77歳）という年齢の節目でもよいですが、私は「林住期」から「遊行期」に変わる頃がいいと思います。

厚生労働省の発表によると、２０１８年の日本人の平均寿命は、男性が81・25歳、女性は87・32歳で、ともに過去最高を更新しました。男性は喜寿の前後、女性は傘寿（数え年80歳）が訪れたら、遺書やエンディングノートを書きはじめ、手持ちのものを減らしていくのがいいと思います。

エンディングノートは、遺書とは違って法的効力を有する文書ではありません。存命中や死後の家族の負担を減らすことを目的としたもので、書かれる事柄は特に決まっているわけではありません。意思疎通能力の喪失をともなう病気になったときの延命治療の有無の希望や、葬儀に対する希望などを記しておくのが一般的で、多種類の専用ノートが販売されています。また、自治体やNPOなどがエンディングノートを無料配布していたり、書き方に関する講座を開いているケースもあります。エンディングノートは一度書いたら終わりではなく、歳月とともに心の変化があるかもしれないので、できれば1年ごとに見直し、更新するといいのですが、それができない場合は3年ごとや5年ごとでもいいと思います。

元気なときには自分が認知症になったり、意思疎通がまったく不可能な植物状態になったり、死を迎えるということは考えたくないものです。しかし、希望と現実は違います。大切な家族や親類縁者のために、万が一、自分がそうなった場合の希望を記録しておくことはお互いにとってもいいことですし、最後まで自分らしく生きて逝くことにもつながります。

エンディングノートを書く目的は、自分の希望やメッセージを次の世代に伝えることです。自己満足のためのものではありませんので、その内容は他の人が理解しやすく、明確なものとしましょう。

リビング・ウィル
死に方は自分で決める

エンディングノートにぜひ書いておきたいのは、自分に意思疎通能力がなくなったときの延命措置に対するリビング・ウィルです。リビング・ウィルというのは、一般的には尊厳死宣言のことをいい、生前の判断能力があるうちに、過剰な延命措置はとってほしくない旨を文書に明記したものです。自分で食べられなくなったら胃ろうをするかどうか、不治の病にかかったらどこまで治療を希望するか、自分の心を表明しておきましょう。

私の叔母はリビング・ウィルがなかったので、意識がないまま120日もの間、集中治療室にいました。身体の各所からチューブが伸びた、いわゆる「スパゲッティ症候群」と呼ばれる状態でした。尊厳死にもいろいろな意見がありますが、意識がないままにそうやって命を保たれていた叔母が幸せだったか迷うところでした。見舞いにくる親族の心理的負担も大きく、誠実に対応してくださった担当医師、看護師にはお礼の言葉もないほど感謝していますが、大いに考えさせられました。

私は実の子供ではないので、生命維持装置をはずしてくださいとは絶対にいえませんでしたし、医師は延命に努めるのが仕事であり、個人的な価値観で患者の命を縮める行為をすれば犯罪です。２０２０年夏ＡＬＳの患者の希望にそい、薬物を投与した医師は嘱託殺人罪で起訴されました。ヨーロッパでは安楽死を認めている国もありますが、日本では厳しい条件が課せられています。したがって医師は回復の見込みがない患者に治療を続けることになるのです。生命維持装置をはずすかどうかの決断は重く、医師も家族も苦しみます。

世話をしてくれる家族や身内に、精神的にも経済的にも大きな負担をかけないためにも、たとえば「治療は緩和中心でお願いします」とか、「3週間ほど手をつくしても回復する見込みがないときにはそれ以上の医療は必要ありません」というようなリビング・ウィルを書いておくべきだと思います。それは、もちろん自分のためでもあります。意識がないにしろ、無数のチューブにつながれたままの姿で最期を迎えなければならないことは、誰もが不本意だと思います。自分の死に方は、自分で決める。その自らの明確な意思表示が、最後まで自分らしく生きることにつながるのです。

日本人はガンで亡くなる人が多いのですが、年齢が高くなるほど進行はゆるやかになるそうです。私は痛みを緩和してもらうけれど、副作用の大きい化学療法や手術をさけて、穏やかに逝ければよいと願っています。

「相続」が「争続」や「争族」にならないために

本来、親からの遺産相続は不労所得で、あてにすべきものではありません。財産を築いた親が、当人がつかいたいようにつかうべきです。しかし、現在は「家」に伝える「家産」と、個人で築きあげた「私産」が混同し、遺産相続のトラブルは、財産の多い少ないに関係なく起こるものです。そこで、「相続」が「争続」や「争族」にならないためにも、自分の意思を遺言に書き残しておくべきだと思います。

正式な要件を満たした遺言がある場合には、財産を譲り受ける人が定められているので、相続人を特定する必要も財産分割のための協議も必要ありません。

つまり、相続人の無用の争いを未然に防ぐことができます。

しかし、形式が整っていなかったりその内容に相続人の全員が納得しないと争いが起こります。たとえ遺言どおりに執行されたとしても、お互いの心にしこりが残るというケースはよく聞く話です。法律上問題はなくても、遺産の分配に納得がいかず、たとえば「お父さんは、俺よりも弟のほうがかわいかったのか」とか、「あいつは母に取り入ったんじゃないのか」など、邪推深く詮索する話も聞きます。遺産相続には経済的なことだけではなく心理的な影響もありますから、遺言は熟慮して、感情に流されず慎重に書かなければいけません。そこには深い人間洞察の知恵が必要です。

親心としては、たとえば長女は資産も収入も少なくて母子家庭で頑張っているんだから少し多めに残そうとか、長男はすごく金回りがよさそうだからそんなに残す必要はないだろうというふうに子供たちの経済状態によって配分を変えたくなるものです。しかし、その経済状態がいつまでも続くとは限りませんし、相続の配分の違いは、親が自分に対してどう思っていたかという表現なんだと子供たちは受け取ります。遺言は遺産相続のトラブルをなくすことを目的に書くわけですから、死後に恨みや憤りが生じるような内容であってはいけません。

ユダヤ人の相続は平等が鉄則で、金融資産も均等に分け、そのつかい道の希望が伝わるように遺《のこ》すそうです。たとえば孫の教育資金とか、あるいは地域に寄与するコミュニティ基金だとか、強制ではなくともいろいろなつかい道を指定した遺し方をするようです。このユダヤ人の「子供は平等」という鉄則は品格ある人間関係の基本だと思えます。遺した資産のつかい道の希望を伝えることも含めて、私たちもぜひ見習いたいものです。

一般的に、遺言の作成には遺言者本人が直筆で作成する自筆証書遺言と、公証人が作成する公正証書遺言と秘密証書遺言があり、それぞれにメリット・デメリットがあります。

自筆証書遺言はひとりで作成が可能で費用がかかりませんが、法律で定められている遺留分を忘れていたり、ほんとうに本人が書いたものなのかわからないという理由から紛争に至ることもあり、記載内容が確実に実行されないケースもあります。

公正証書遺言は公証人と二人以上の証人が立ち会い、遺言者の口述に従って作成され、紛失や変造の可能性がないので安心です。遺言の内容が秘密にできる秘密証書遺言は、紛失や変造、隠匿などの可能性があるだけでなく、遺言の要件を満たしていないと無効になる可能性もあるのでおすすめしません。また、秘密にすることは相続人を信用していない猜疑心《さいぎしん》の強い人間というふうにも捉えられることもあり、作成者の品位にも関わります。相続人を平等に扱い、正確で確実なものを残すためには、公正証書遺言がいいでしょう。

遺言は自分が作成するものですが、その内容は、できれば自分ひとりで決めるのではなく、家族と話し合いの機会を持ち、みんなの希望を聞いた上で自分が判断して決めるのが望ましいと思います。家族が困らないように財産状況の現実や、人生最期のことなどを事前に話すことはとても大切なことだと思います。遺言というのは、なにを書き残すかによって、残った人たちの心を波立たせるものだということを承知して、意図を説明しておかなければいけません。

感謝の気持ちを伝える寄与分制度

遺産相続は平等であることが鉄則ですが、遺産分割に適用される寄与分制度というものがあります。この制度は共同相続人（相続人が複数いる場合のすべての相続人）間の公平をはかるためのもので、たとえば長男が農業や自営業をしていた被相続人である父親を支えて一緒に財産形成に貢献してきたとします。その一方、次男はサラリーマンで、都会に行ったきり帰ってこなかったというような場合、遺産を兄弟で平等に分割するとかえって不公平な結果になります。

そこで、家業に精を出し、父親の財産形成に特別の貢献があった長男に相続分以上の財産を取得させようというのが寄与分制度です。あるいは被相続人の療養看護介護などに特別の貢献があった者についても、法定相続分によって取得する額を超える遺産を相続できると定めています。たとえば長年、介護をしてくれた娘には他の子供より多く配分できます。

寄与分を主張できるのは、民法で定められている法定相続人に限られ、それ以外の人は自ら寄与分を主張することはできません。また、被相続人は遺言で相続分の指定はできますが、法定相続人以外の者を相続人に指定することは認められていません。

たとえば長男の妻が仕事を手伝っていたり、寝たきりになった被相続人の療養看護に努めたとしても、寄与にはなりません。しかし、生きているうちに生前贈与しておく方法や、遺言により贈与する方法であれば、法定相続人以外の人にも遺産を遺すことはできます。自分の出身大学や故郷に寄付する方もいます。

相続人ではないけれども、お嫁さんが寝たきりになった自分の介護をしてくれて、精神的にも支えてくれたというようなときには、感謝のあらわれとして、生きているうちにきちんと贈与するべきです。あるいは、遺言によって、いくらか遺すのが人間としてのマナーです。「嫁だから介護するのが当然」ではありません。

相続人の間で、「長男の嫁は、最後まで故人の下の世話までしてくれたから寄与分を認めてあげよう」と、話し合いで決まるかもしれません。もちろん、そうなれば喜ばしいことですが、遺産相続は往々にして自分がもっと欲しいともめるものです。被相続人は自らの意思で生前贈与しておくか、「これまで支えてくれてありがとう」と、遺言で感謝の気持ちを伝えるとともに、相当分の遺贈をしたいものです。

終い方も自分らしく 生前墓とプレニード葬儀

自分のお葬式やお墓を生前に決めておく人も少しずつ増えています。生前葬と生前予約は、言葉は似ていますが内容は違います。生前葬というのは、死んでから葬式に参列してもらうよりも、生きているうちに世話になった方達に感謝と別れを告げるために生前にお葬式をして香典まで集めてしまうというひとつのイベントです。一方、葬儀の生前予約は、自分らしい葬儀にしたい、残された家族の経済的な不安を解消したいなどの理由から、希望の葬儀スタイルを選択して予約しておくものです。予約の内容は葬祭業者によりさまざまですが、多くは会員制で、1万円程度の入会金を払って会員になると、生前に自分の望む葬儀の相談と予約ができます。最近はフラワー葬や音楽葬など、新しい形式が提案されつつあります。

「ひっそりと消えていきたい」「人を煩わせたくない」「お金をかけたくない」という理由から、病院で亡くなって、そのまま火葬場へ運ぶ直葬を望む方もかなりいらっしゃいます。密葬は家族だけで行い、本人を慕う人が多い場合には、後日に偲《しの》ぶ会を執り行う場合が増えています。故人が高齢で、関係者が少ない場合は家族葬だけでもよいのですが、まだ活動されていた場合は、関係者と別れを惜しむ機会をつくるほうが現実的です。私の知人の父上も90歳を過ぎて亡くなられたので、ひっそり家族葬をしたら、その後、知人が次々と自宅にご焼香だけでもと弔いに見えるので、あらためて偲ぶ会をなさいました。

また、近年はお墓の形が自由になってきていて、散骨や樹木葬といったこれまでにはなかった形式を望む方も増えています。散骨や樹木葬であればお墓はいりません。お墓にもさまざまな種類があります。家代々のお墓や夫婦墓、永代供養の合同供養墓、モニターで遺影が見られたり、故人の生前の声が聞けたりするデジタル化された都会型最新式墓地もあります。また、墓石のデザインも豊富な種類がありますから、個人個人いろいろな好みがあると思いますから、自分の希望するお墓の種類を遺言の中に書いておくか、生前墓を建てておくことをおすすめします。ここで留意したいのは、お墓は、お墓参りをしてくれる者のことを考えて建てるべきだという点です。私は四女で、夫も次男なので、家代々のお墓を守る義務はありません。そこで、8年ほど前になりますが、娘たちがお参りしやすいように、自宅近くのお寺に生前墓を建立しました。

墓石のデザインは洋風で、前面には自分の好きな言葉で、座右の銘でもある「和顔愛語」という文字を彫ってあります。生前墓はもともと中国の長寿を願う風習から来たもので「寿陵」といって寿命を永らえるという意味があり、縁起がいいこととされています。そして、建てる場所や墓石のデザインにいたるまで、すべて自分の好みで選ぶことができるというメリットがあります。死後のことなど自分とは関係がない、忘れられていいのだと割り切る人もいます。しかし、死によって人生の新しいステージがはじまるのです。現実に生きている人々の心の中に、思い出として生きるのです。死んだ人がなにをいったか、なにをしたかが心の中に思い出として残るのです。その思い出のよすがとなるシンボルとなるのがお墓で、意味のあるよりどころです。

死への恐怖は、おそらくどれだけ歳を重ねても消えません。「私たちは必ず死ぬ」と頭ではわかっていても、いざとなると、やはり死にたくはない。この死にたくない気持ちと、必ずいつかは死ななければならないという思いの間で心は葛藤し、せめぎあいます。その中で、私たちは穏やかに死を受け入れる境地になることが絶対必要です。今まで長い間生かしておいてくれた「大いなる力」に感謝して、周囲の人にできる限り愛情を表現し、伝え、力尽きて逝く。

こうした「大往生」を目指す心の準備が一番重要な終活ではないでしょうか。

人生を深く味わう「遊行期」に読みたい書物

読書の習慣があれば知識や教養が身につくだけでなく、人生を深く味わい、人間をさらに知る手段となります。

ただ、人生の最後のステージである悠々自適の「遊行期」は、自らの意思で新しいなにかをはじめる力がある「林住期」と比べれば、視力が落ちたり、集中力もなくなるなどしています。延々たる大作を読むのは難儀な人が増えます。

また、仕事に役立つ情報を得る必要も少なくなります。むしろ短編や詩歌など、言葉や思想を味わう読書が適しています。宗教書や哲学書をひもとくのもいいかもしれません。

さらに、「遊行期」は生活を縮め、身軽を旨としますので、大冊の愛読書を取っておくにもスペースの問題があります。そんな向きには図書館はありがたい施設です。図書館の規模にもよりますが、新刊書の品揃えは十分でなくても名作や古典はたいがい揃っているはずです。

「遊行期」にぜひ読んでほしいのは『古今和歌集』『方丈記』『奥の細道』です。

『古今和歌集』は、『源氏物語』と同様に、季節のうつろいや、まだ見ぬ恋から、別れて後の恋歌まで、人の心の変化などを三十一文字を並べることによって、こまやかに描写しています。あらためて日本の自然や情緒を味わうことができます。通読しなくても、ふと思い立ったときにパラッと開いてみましょう。

そして、『方丈記』は平安末期の地震、つむじ風、それから飢饉《ききん》、そうした中で、人の栄華は儚《はかな》いものよと鴨長明がしたためた随筆です。「ゆく河の流れは絶えずして、しかももとの水にあらず。淀みに浮ぶうたかたは、かつ消え、かつ結びて、久しくとどまりたる例《ためし》なし。世の中にある人と、栖《すみか》とまたかくのごとし」といった名文は、あまりにも有名です。「遊行期」を外の出来事にふりまわされないで過ごすには、思い通りにならないことが人生だと達観することで、心の平安も得られるに違いありません。

『奥の細道』の歌に詠まれた名所を訪れ、定住しない旅の人生という生き方は多くの人が憧れました。

それから、著書を残さなかった西郷隆盛の唯一の著作ともいえる『南洲翁遺訓』もおすすめします。明治維新後、官軍に征服された荘内藩は、江戸市中取り締まりの任にあったために江戸薩摩藩邸を焼き討ちにした経緯もあり、報復処分を覚悟していたのですが、同藩に対して武士道に則《のっと》った寛大な処置がとられました。礼儀正しく、敗者を蔑まず、きちんと処遇したのです。それが後に、西郷の内示だったことを知った荘内藩の有志が、鹿児島に引退していた彼に教えを仰いで書き残したのが『南洲翁遺訓』です。今でも多くのリーダーが、最も尊敬する人物として挙げる西郷隆盛の考えを知ることができる一冊です。

そして、最後におすすめしたいのは『修証義《しゅしょうぎ》』です。

これは曹洞宗開祖の道元が著した『正法眼蔵《しょうほうげんぞう》』からエッセンスを選んだ文書で、禅の入門書です。

私たちは皆、理想とはほど遠い現実と折り合い、それを受け入れて暮らしています。世の中はコロナ禍だけでなく、予測できない、思い通りにならないことだらけです。明日、なにが起こるかもわからなければ、自分がいくつまで生きるのかもわかりません。しかし、その日その日を精いっぱい生きていかねばなりません。『修証義』は、その根幹にある考え方、哲学はなんなのかということを説き明かしてくれます。

「遊行期」におすすめの本

○『古今和歌集』佐伯梅友校注／岩波書店

○『方丈記』鴨長明＝著　市古貞次＝訳／岩波書店

○『奥の細道』松尾芭蕉＝著　山本健吉＝訳／世界文化社

○『新訳南洲翁遺訓』西郷隆盛＝著　松浦光修＝編・訳／ＰＨＰ研究所

○『道元禅師のことば「修証義」入門』有福孝岳＝著／法藏館

おわりに
——コロナ・パンデミックの中で

2020年、だれも予想していなかったような新型コロナウィルスの感染が世界中に広がりました。中国からヨーロッパに広がり、そしてアメリカは約597万人の感染者と18万人以上の死者を出しました。世界全体の感染者は2500万人を超えています（2020年8月末現在）。

日本も1月23日から中国武漢での爆発的流行と都市封鎖、韓国での流行にクルーズ船ダイヤモンド・プリンセスの感染に警戒を強めていましたが、2月27日に、いきなり安倍総理が3月2日からの小学校から大学までの休校を要請しました。

イタリア、スペインなどのヨーロッパ、NYをはじめとするアメリカにも感染は広がり、東京オリンピック・パラリンピックは1年間の延期が決定しました。日本でも志村けんさん、岡江久美子さんのような有名人が亡くなり、衝撃が走りました。

4月7日に緊急事態宣言が出され、8割の人出の削減が求められましたが、ロックアウト（都市封鎖）をしている欧米の都市に比べれば、自粛要請で強制措置は取られませんでした。それでも経済活動、日常生活への影響は大きく、繁華街、オフィスはひっそりとしました。やっと緊急事態宣言は5月25日に解除され、6月は全国で感染者数が落ち着いていましたが、7月には再び感染者が増えました。

この間社会は様変わりし、在宅勤務・リモートワークが急速に普及し、大学の多くはオンライン授業となりました。

この新型のウイルスは感染力は強いが、致死率は高齢者や基礎疾患のある人を除いて高くありません。他の国々に比べれば日本では人口当たりの死者数はとても少なくなっています。うがい、手洗いだけでなくマスク着用も義務づけられ、ワクチンも特効薬もない中で、感染を防ぐには人との接触を減らすよりほかない。大規模なイベントが中止され、学校が休校になり、職場ではリモートワークが推進されました。

ホテルや旅館は閑散とし、繁華街の人出は減り、廃業した外食店も増えています。経済活動は激減し、失業率は高止まりしています。

こうした危機になるとその社会が抱えていた問題が表に出てきますが、個人の生き方もあらためて問われます。

特に高齢者は感染した場合は重症化、死亡することが多いということで自粛が強く求められました。高齢者施設は家族の面会も禁止、デイサービスや各種の集まりは活動を停止しました。外出していない高齢者は筋力が衰えただけでなく、刺激が少なく、認知症が進んだとか、気分が落ち込み鬱的な傾向が強くなったといわれています。

もともと年齢を重ねてくると人は消極的になり、引っ込み思案になります。その傾向がコロナ禍で加速されているように思います。

だからこそ私は、高齢者がコロナが長引く中でも人生の後半期を幸せに生きるためになにが必要か考え、実行しなければならないと本を作る過程で強く思うようになりました。

改めていうまでもありませんが、人間は必ず死にます。致死率100パーセントです。

コロナで死ぬか、ガンで死ぬか、交通事故や思いがけない災害で死ぬか、誰でも逃れることはできませんし、選ぶこともできません。長い間生きてこれたこと、生かしておいてもらったことに感謝し、出会った人、縁があった人に心から感謝しながら、穏やかに死を受け入れる心構えは高齢者のたしなみです。

そう心を決めれば、愚痴をいってもはじまりません。他人をうらやみ、ねたんでいては自分が嫌になってしまうばかりです。体のあそこが痛い、ここが悪い、思うように動けない、と悲しみ、つまらないな、寂しいな、でもなにをするのも面倒だ、どうでもいいや、と嘆いてばかりいては貴重な日々がもったいない。

人生のあらゆるステージをそれなりに楽しむ――コロナに負けず、むしろ前向きにそれらがもたらす社会の変化をよく見て「ほう――」「なるほど」と新しい発見をしましょう。

外食、会食ができなくなった家族のために食事を作ってあげたり、ご無沙汰している友人に「返事はいらないよ」とはがきやメールを出したりする。

高齢者は感動しましょう。学習しましょう。

意識して機嫌よく過ごす努力をしましょう。

生活に少しでも工夫を加え健康な生活を続け、周囲の人たちに貢献しましょう。

「か、き、く、け、こ」の後半期です。

この本を読んでくださった皆様が人生後半のかけがえのないステージ、大事な一日一日を楽しく充実して過ごしてくださることを祈っています。

最後にこの本が刊行されるのをはじめから企画し、支えていただいた飛鳥新社の内田さんとライターの左古さんに心から感謝いたします。お二人なくてはこの本は皆様の目に触れることはできませんでした。ありがとうございました。

2020年8月　コロナと猛暑の特別な夏に

坂東眞理子

坂東眞理子　ばんどう・まりこ

昭和女子大学総長。1946年富山県生まれ。東京大学卒業。69年、総理府入省。内閣広報室参事官、男女共同参画室長、埼玉県副知事などを経て、98年、女性初の総領事（オーストラリア・ブリスベン）。2001年、内閣府初代男女共同参画局長。04年、昭和女子大学教授となり、同大学副学長を経て、07年、同大学学長。17年、同大学総長、理事長。『女性の品格』は330万部を超えるベストセラーとなり、大ブームを巻き起こした。『70歳のたしなみ』（小学館）など著書多数。

老活のすすめ　はじめること 続けること 見直すこと

2020年9月15日　第1刷発行

著　者　坂東眞理子
発行者　大山邦興
発行所　株式会社飛鳥新社
〒101-0003 東京都千代田区一ツ橋2-4-3 光文恒産ビル
電話 03-3263-7770（営業）／03-3263-7773（編集）
http://www.asukashinsha.co.jp
DTP　株式会社三協美術
印刷・製本　中央精版印刷株式会社
本書は、2014年に刊行された『60歳からしておきたいこと』に書き下ろしを加え、大幅に加筆・修正したものです。
落丁・乱丁の場合は送料当方負担でお取り替えいたします。
小社営業部宛にお送りください。

ISBN978-4-86410-782-2

編集協力　左古文男
編集担当　内田 威